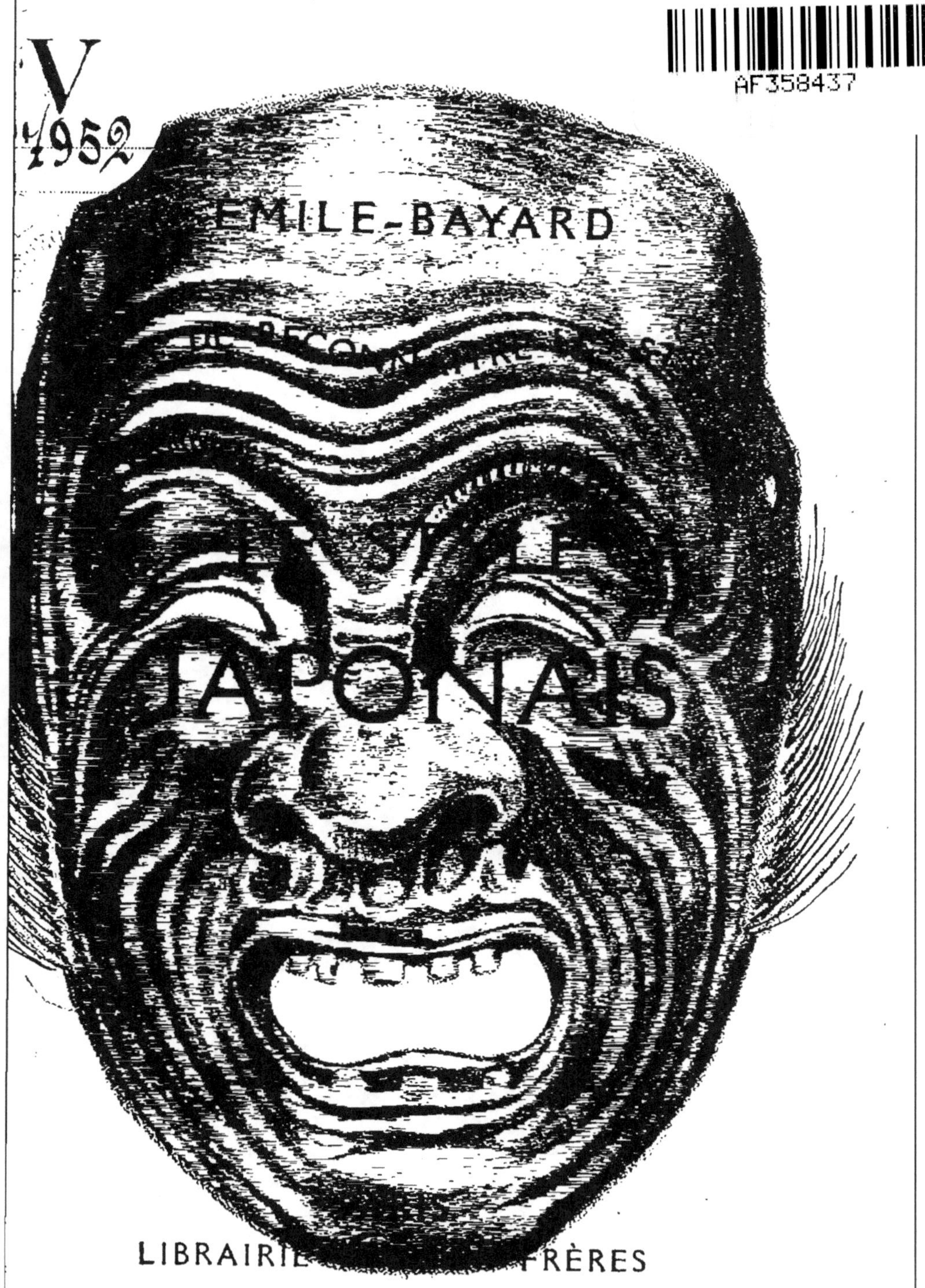
EMILE-BAYARD

LE

JAPONAIS

LIBRAIRIE ... FRÈRES
6, Rue des Saints-Pères, 6

LE STYLE
JAPONAIS

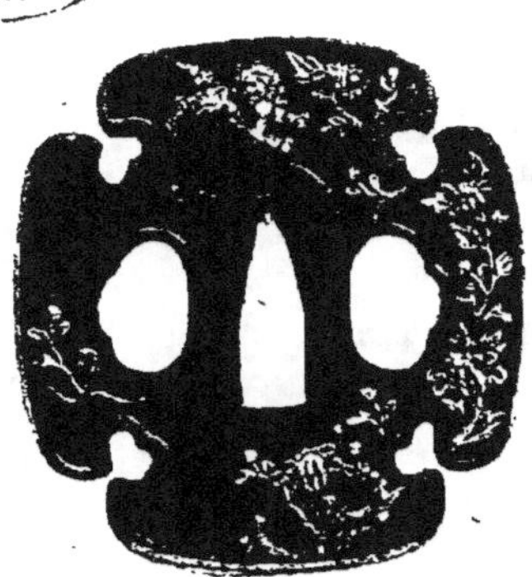

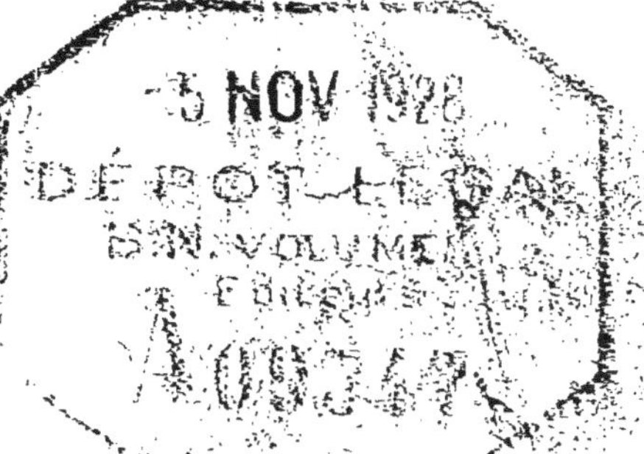

OUVRAGES DU MÊME AUTEUR

En vente à la Librairie GARNIER FRÈRES

COLLECTION DES STYLES ÉTRANGERS, déjà parus :

Les Styles flamand et hollandais.
Le Style anglais.

Les Meubles rustiques régionaux de la France.
L'Art de reconnaître les styles.
Le Style Renaissance.
Le Style Louis XIII.
Le Style Louis XIV.
Les Styles Régence et Louis XV.
Le Style Louis XVI.
Le Style Empire.
Le Style moderne.
Les grands maîtres de l'Art.
Etc.

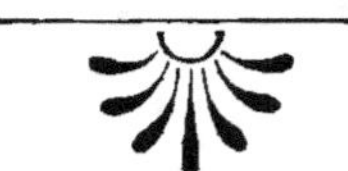

ÉMILE-BAYARD

INSPECTEUR GÉNÉRAL DE L'ENSEIGNEMENT ARTISTIQUE
ET DES MUSÉES AU MINISTÈRE DES BEAUX-ARTS

L'ART DE RECONNAÎTRE LES STYLES

LE STYLE JAPONAIS

OUVRAGE ORNÉ DE 140 GRAVURES

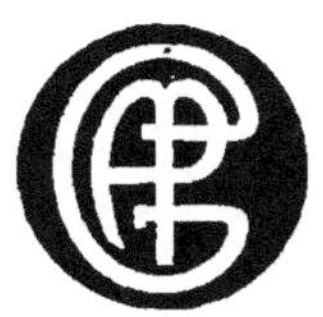

PARIS

LIBRAIRIE GARNIER FRÈRES

6, RUE DES SAINTS-PÈRES, 6

1928

En cordial hommage

à M. E. LABBÉ,

Directeur Général de l'Enseignement Technique,

je dédie ces pages consacrées à l'étude d'un Métier merveilleux.

E.-B.

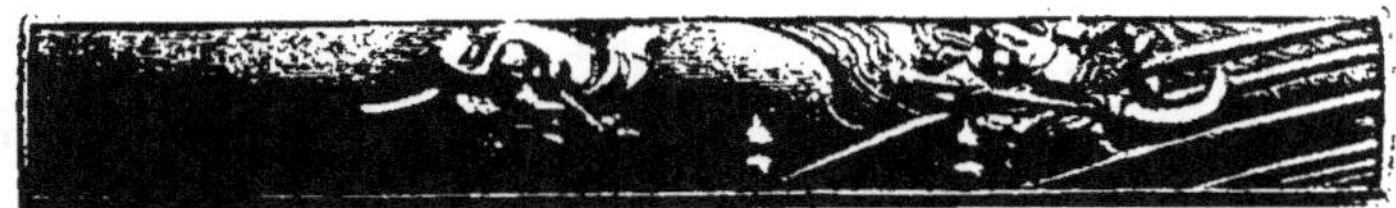

CHAPITRE PREMIER

Considérations générales sur l'Art et le Japon

L'art japonais a puisé dans l'inconnu et le mystère les éléments aigus de son expression originale. D'avoir résisté aux contingences européennes — avec la Chine dont il ressentit fortement l'influence — le Japon, isolé d'autre part, en la multiplicité des îles qui le composent, a concentré son génie dans cette brume, dans cette nuit des temps où, volontiers, il s'égara poétiquement à la recherche d'une lumière qu'il a faite sienne.

Les religions japonaises, d'ailleurs, empruntent aux ténèbres de l'antique tradition, où, à travers des textes semi-sacrés, semi-historiques, des légendes se formèrent, engendrant des rites, créant des atmosphères où l'imagination prit des ailes.

Au vrai, l'art japonais, réfractaire au « progrès » européen, à son idéal, s'est cristallisé dans son soi, de toute la force des aspirations de son peuple, de son sol et de son climat; en un mot, de toute

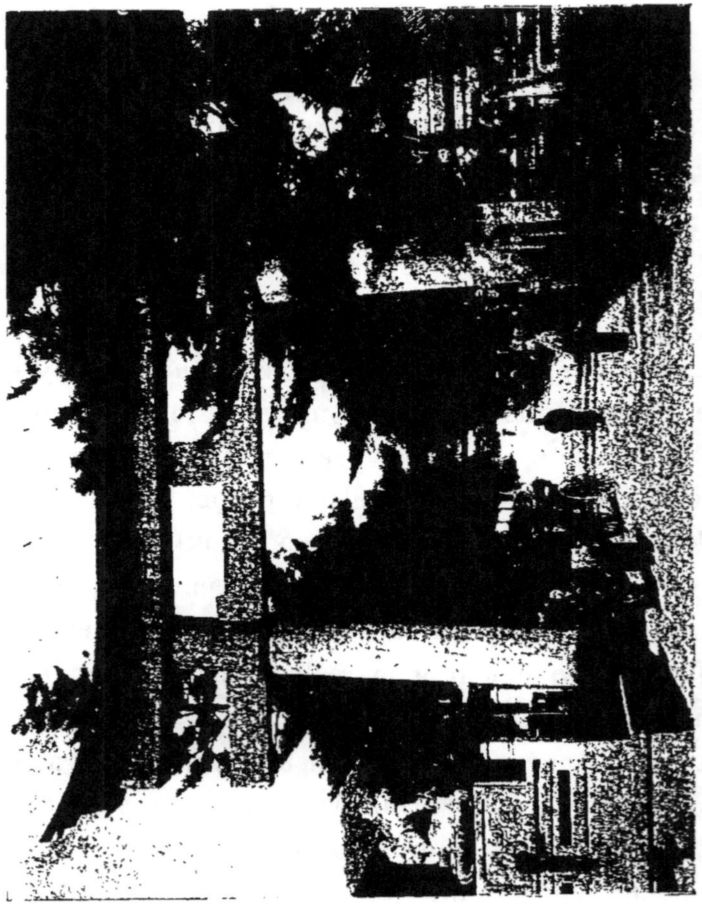

Coll. Germaine Eymery.

Fig. 1. « TORI » PRÉCÉDANT UN TEMPLE, A NARA.

la ténacité de son caractère essentiellement tradi-tionaliste.

En admettant que le Japon ait subi la religion

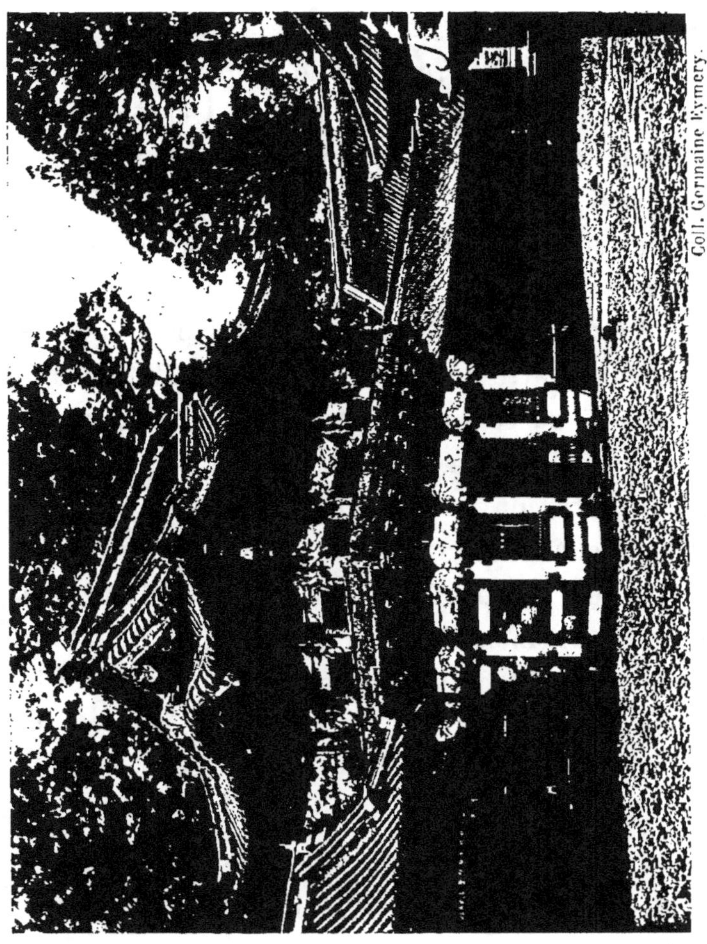

Fig. 2. Porte du Yakushiji, temple bouddhique, à Nikkô.

Coll. Germaine Eymery.

bouddhiste (d'importation indoue et cambodgienne),
la Perse et la Corée — d'où lui vinrent, à ce qu'il

semble, les premières lueurs esthétiques de la Chine antique — ont marqué sans doute encore ses expressions, mais il s'avère en tout cas, et certainement, que seul l'art de l'Asie, peuplé de chimères et d'irréalités somptueuses, a correspondu à son tempérament et répondu à ses aspirations unanimement fictives et décoratives (1).

Contrairement à tant de pays, le Japon n'a demandé ni à Athènes, ni à Rome ses directives créatrices; il a fondé son génie sur place, à peine irradié de celui des autres (si l'on excepte la Chine); son art a atteint au sommet de la personnalité par des voies spirituelles et rationnelles qui ne doivent rien à la plasticité conventionnelle et humaine.

En reprochant à l'art égyptien son hiératisme, ne lui a-t-on point fait du même coup grief de son originalité ornementale? Ne doit-on point plutôt rendre justice à l'admirable « routine » de ce peuple que regretter qu'il n'ait jamais pu s'affranchir, durant sa longue existence, de formules et d'habitudes puérilement conventionnelles?

Et, de même, si les Grecs ont réalisé la plastique vivante, convient-il de taxer de « progrès » leurs chefs-d'œuvre? Ne pensez-vous pas que l'Assyrie et la

(1) Envisagées comparativement, la porte japonaise (*Yomei-mon*, fig. 4) et la porte chinoise (*Karamon*, fig. 5) présentent une troublante similitude.

Perse, en demeurant dogmatiques, rejoignent dans la beauté décorative, bien que par d'autres voies, celle de l'Hellade?

Aussi bien les Japonais résistèrent, répétons-le, au soi-disant progrès du dehors, et ils fixèrent dans un style l'idéal têtu qu'ils s'étaient proposé pour modèle.

De même que les hiéroglyphes et les lettres arabes visent à l'ornementation (ces dernières constituant l'*arabesque*), les lettres japonaises (ainsi que les chinoises) confinent à l'image ornante, et, d'ailleurs, si le dessin est une écriture, jamais définition ne correspond plus précisément au dessin des Japonais.

Une dame, à Tokio, se rend chez un petit marchand de graines florales. Elle s'inquiète de connaître l'effet qu'elles donneront. Spontanément, le petit marchand dessine chacune de ces fleurs écloses, au bout du geste, comme s'il eût tracé des lettres...

Exemple typique et courant.

Les Japonais sont les plus grands décorateurs du monde parce qu'ils n'ont point vu les choses comme elles sont, mais comme ils les voyaient. On pourrait aussi associer à cet éloge et à cette optique surnaturelle les Égyptiens, les Assyriens, les Perses, qui, s'ils furent, chronologiquement, des primitifs, sont singulièrement, en revanche (avec les Chinois), les inspirateurs de notre art décoratif moderne !

On a cru devoir établir un parallèle entre le réalisme extraordinaire des Japonais et celui de l'art préhistorique, mais particulièrement en matière de traduction animale et végétale, vis-à-vis d'une figuration humaine relativement moins scrupuleusement observée. C'était opposer ingénieusement le bouddhisme panthéistique, dont « la sympathie n'est nullement restreinte aux hommes », au christianisme anthropomorphique, humanisant en matière esthétique. Mais n'y a-t-il point confusion entre la synthèse archaïque et le réalisme savamment cherché et résolu décorativement ?

Il est de fait, cependant, que lorsque nous examinerons le dessin chez les Japonais, nous verrons leur pinceau moins sincèrement épris de la beauté humaine que de la flore et de la faune. Ces deux derniers éléments les auraient-ils passionnés davantage en raison de leur caractère plus essentiellement décoratif et impersonnel ? Ces « anatomies embryonnaires », ces « gestes forcés et raides », ces physionomies de masques aux rictus stéréotypés, ces « visages conventionnels, aux traits semblables jusqu'à l'identité » que M. Ch. Lalo *(L'Art et la vie sociale)* relève sévèrement dans l'art japonais, ne seraient-ils pas davantage tributaires d'une volonté d'expression originale que d'une discipline religieuse ? Au reste, n'a-t-on point confondu fâcheusement *caractère* avec *caricature* en désignant ces mines

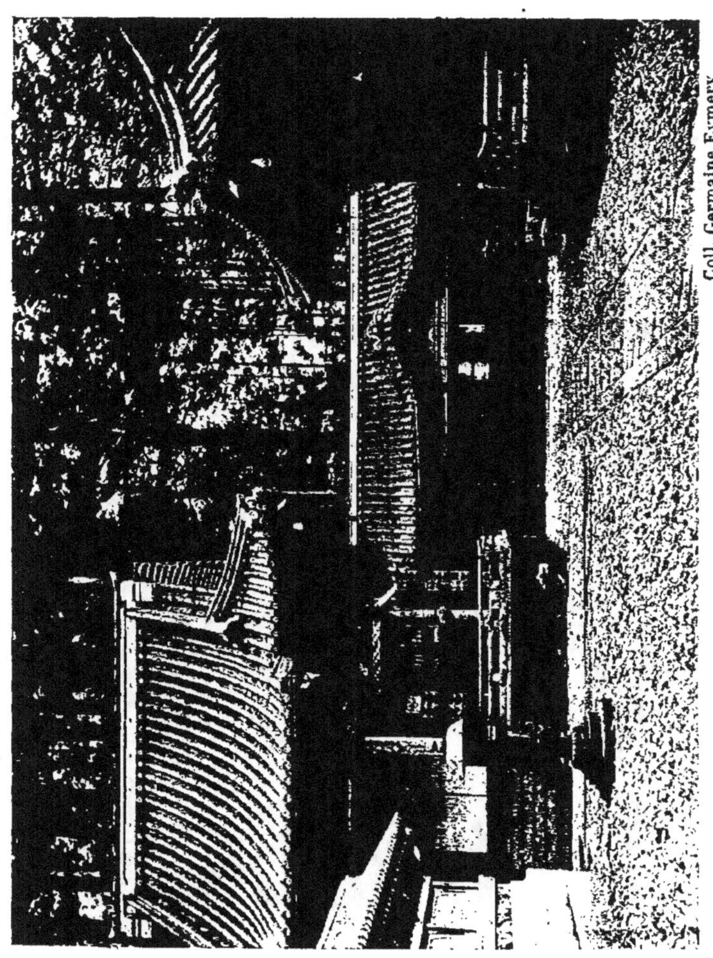

Fig. 3. Cour du temple précédent, a Nikkô.

Coll. Germaine Eymery.

forcées, ces gestes accusés, propres aux artistes japonais? C'est encore leur goût de la synthèse qui donne le change. Ils s'efforcent d'exprimer en deux

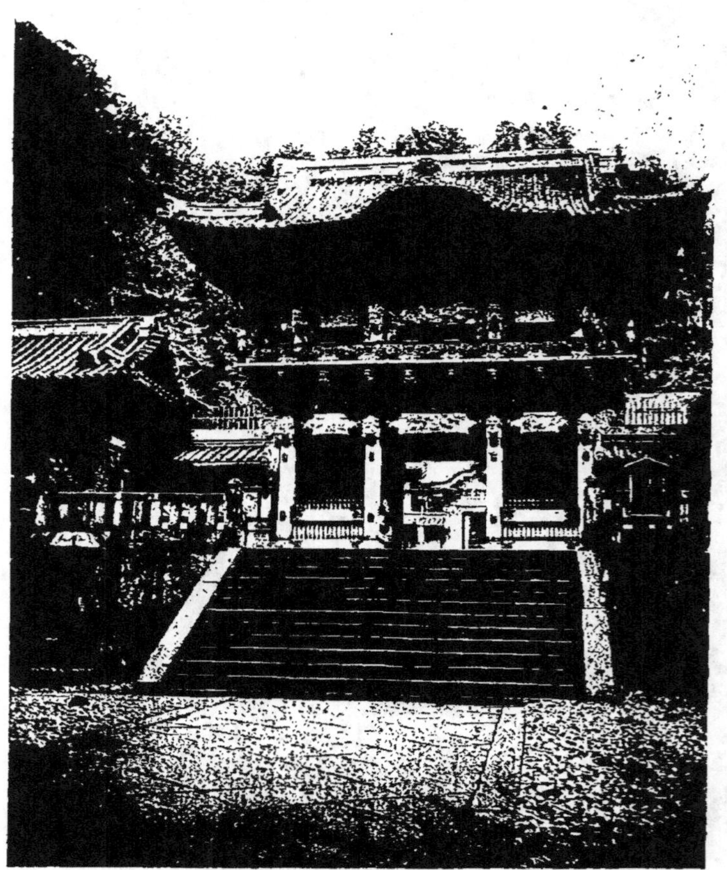

Fig. 4. Porte « Yomeimon », du temple Toshyogu, a Nikkô.

coups de pinceau choisis des paroxysmes de gestes, de mines. Toujours l'esprit décoratif les tourmente et les régit. En somme, l'art japonais se pique de

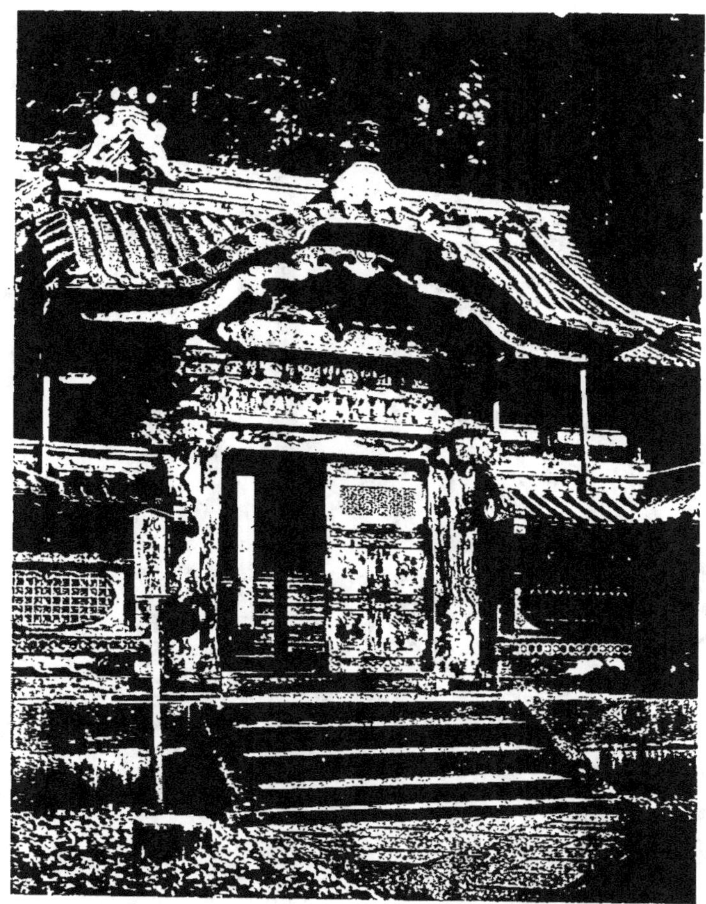

Fig. 5. Le « KARAMON »,
(PORTAIL CHINOIS DU TEMPLE TOSHYOGU, A NIKKÔ.

réalisme dans le rêve — contradictoirement — tant
il est hallucinant, et c'est l'étude aiguë, la volonté

du style qui, chez lui, sous des dehors de

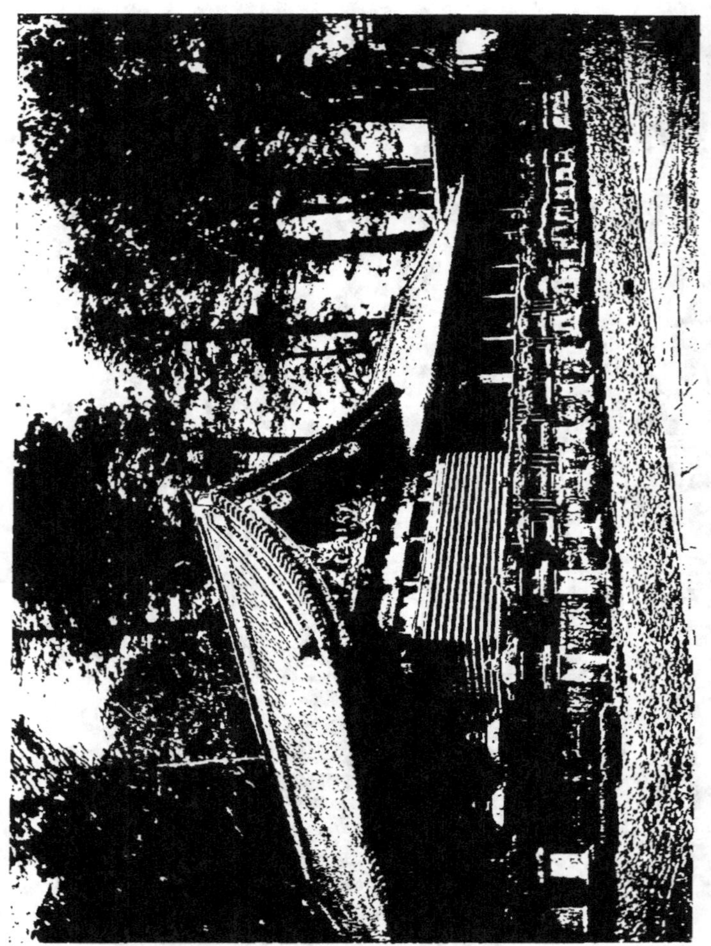

Coll. Germaine Eymery.

Fig. 6. AUTRE PARTIE D'UN TEMPLE (bordé de lanternes funéraires).

réalité, transportent notre imagination enchantée.

Il convient d'insister, enfin, sur l'esprit traditionaliste nippon qui persiste encore aujourd'hui (en dépit d'artistes japonisants exceptionnels) dans la manière graphique ancestrale. Nous aurons plus loin l'occasion de revenir sur ce particularisme où s'avère le programme d'un art fier et jaloux de sa personnalité, au point de rester sourd et aveugle à tous les autres.

C'est parce que l'art japonais défie la mode que la délicatesse de son goût est demeurée indélébile. Et comment eût-il suivi la mode, puisque la nature demeure imperturbable devant le caprice des hommes, puisque l'idéal ne plane guère au delà des réalités?.

Le voici donc à la fois naturaliste et poétique. Tour à tour créateur de monstres — par fantaisie imaginative — et observateur patient autant que forcené de la nature. Supérieurement tourmenté, toujours, par ce rythme du mouvement, par cette malice et cet esprit étalés qui ravissent de vérité jusque dans l'inconcevable. En même temps qu'il croque l'artiste japonais en train de surprendre les mystères intimes que recèle l'*infiniment petit*, S. Bing nous le montre à l'affût, avec son pinceau scrupuleux et rêveur :

«... C'est dans une toile d'araignée qu'il aime à étudier la géométrie; les traces laissées sur la neige par la patte d'un oiseau lui fournissent à souhait un motif d'ornementation ; et lorsqu'il cherche à rendre les inflexions d'une ligne sinueuse il ira infailliblement s'inspirer des capricieux méandres que la brise vient dessiner sur la surface des eaux. En un mot, il est persuadé que la nature renferme les éléments primordiaux de toutes choses et, suivant lui, il n'existe rien dans la création, fût-ce un infime brin d'herbe, qui ne soit digne de trouver sa place dans les conceptions élevées de l'art. »

Ce sont les religions diverses qui ont engendré, dans le génie du monde, l'essor original de l'art basé sur des espoirs et des craintes, sur des paradis et des enfers que la foi peuple et situe différemment. Et plus les religions sont idéales ou fantastiques, plus l'art les exalte en magnificence et en curiosité. Or, le bouddhisme, avec ses démons-dieux et ses chimères, avec les trésors de son illusion, s'illustre positivement dans ces monuments de beauté hallucinante que l'Inde, la Chine et le Japon perpétuent.

En dehors de l'inspiration religieuse, l'art japonais strictement décoratif, c'est-à-dire brodé sur nature, ne sacrifie point encore, sans choix, à la vérité, et, c'est à travers l'humour — autre voile réticent et subtil — qu'il aperçoit les faiblesses et les ridicules du geste ainsi que des sentiments humains, lorsqu'il ne s'attache point même à magnifier la laideur.

Tandis que le jardin nippon prodiguera l'agré-

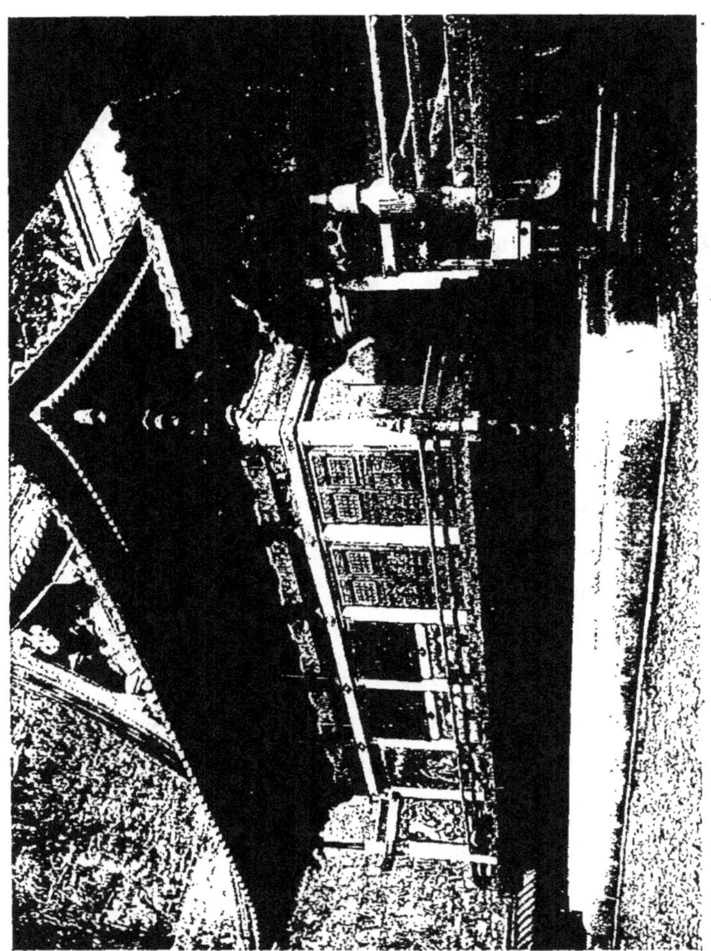

Coll. Germaine Eymery.

Fig. 7. AUTRE PARTIE D'UN TEMPLE, A NIKKÔ.

ment artificiel de ses rochers, ponts et ruisseaux
minuscules, sous une ombre étriquée de cèdres nains, -

d'arbres rabougris, on envisagera l'amour de la nature, porté au plus haut point par ce peuple, mais dans le sens d'un idéal capricieux et apprêté — suivant du moins notre conception occidentale — qui constitue son originalité la plus captivante.

Il y a identité entre ce goût pour l'irrégularité et l'esprit éminemment décoratif dont le Japonais est possédé, allant jusqu'à martyriser les fleurs et les arbres, comme les Chinois mirent à la torture leurs pieds, pour réaliser, semble-t-il, une nature transposée, un style de nature.

Essentiellement déductifs, non spontanés, les Japonais sont initiés, dès le jeune âge, à un style d'éducation qui subordonne encore le geste inné à une convention noble. De même qu'au degré d'habileté graphique s'apprécie, chez eux, la qualité plus ou moins distinguée de celui qui écrit, la personnalité de l'artiste se dérobe sous une arabesque.

Au Japon, d'ailleurs, tout est poésie, en art comme en littérature. On n'y sépare point l'esthétique du bouquet de celle du *kakemono* qui lui sert de fond. Dans les écoles secondaires, les jeunes filles japonaises apprennent à disposer des rameaux fleuris, à les plier à la grâce d'un tableau, à harmoniser des parfums avec des lignes onduleuses, avec des courbes inégales.

En février, les habitants de l'« empire du Soleil-

Levant » se réunissent sous les premiers pruniers en

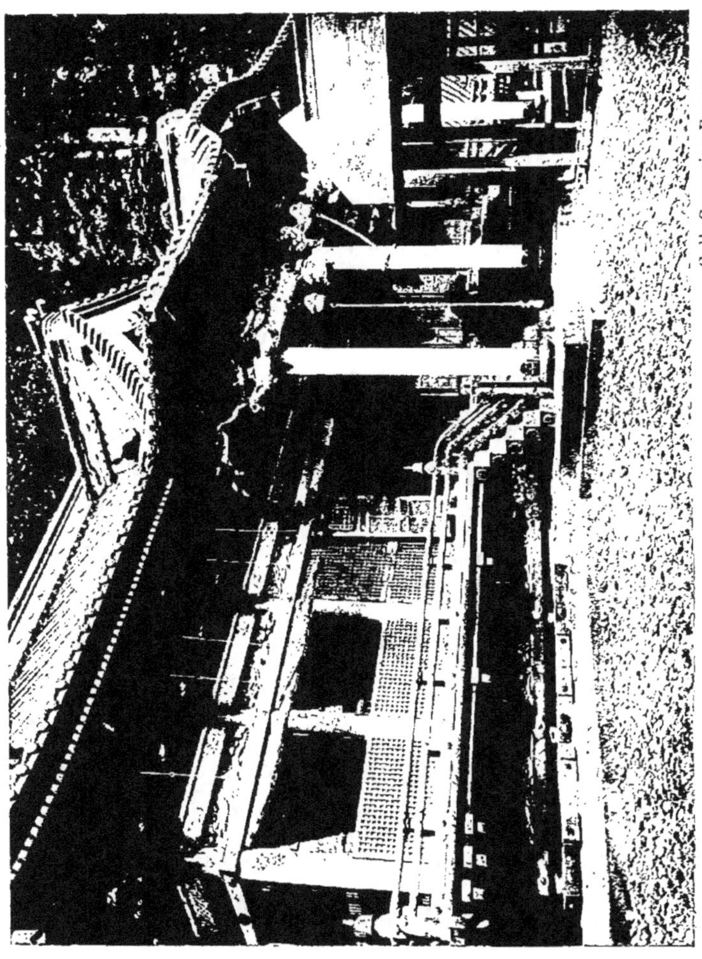

Fig. 8. Autre partie d'un temple, a Nikkô.

Coll. Germaine Eymery.

fleur dont les senteurs troublantes ressuscitent les
symboles de pureté de leurs plus lointains poètes.

En mars, c'est le culte des fleurs du pêcher qu'ils vont célébrer; en avril, celles du cerisier; en mai, celles de l'iris; en juin, les glycines; en septembre, les chrysanthèmes, puis à la fois toutes les floraisons et frondaisons de la nature au déclin. Du chant du rossignol à celui du coucou ou du pluvier, l'âme japonaise s'exalte; du cerf qui brame à la grenouille qui coasse, autant d'attendrissements. Il n'est pas jusqu'à la première neige qui n'apporte sa béatitude, et, de même, la pluie printanière dont les fleurs de pêcher et de cerisier sont comme diamantées. La délicieuse sensibilité japonaise s'image à la fois dans le respect pour la première neige — qu'elle prend un soin infini de ne point souiller — et la précaution, non moins extrême, avec laquelle elle foule cette autre neige qui tombe des arbres vernaux.

Ajoutez enfin la contemplation, encore éthérée, des Nippons devant la lune, à la clarté de laquelle, aux premiers beaux jours, s'échangent les serments d'amour, et, en automne, la mélancolie des souvenirs, tandis qu'au soleil couchant les vieillards, retirés au loin dans la montagne, dans une modeste demeure, savourent les derniers rayons de leur vie, le calme éternel qui vient.

Tant de lyrisme émanant, et de la religion et de la nature, confine à l'hermétisme d'un peuple dont notre Occident s'est justement épris avec violence.

Notre goût, plus prosaïque, s'enthousiasme pour ces

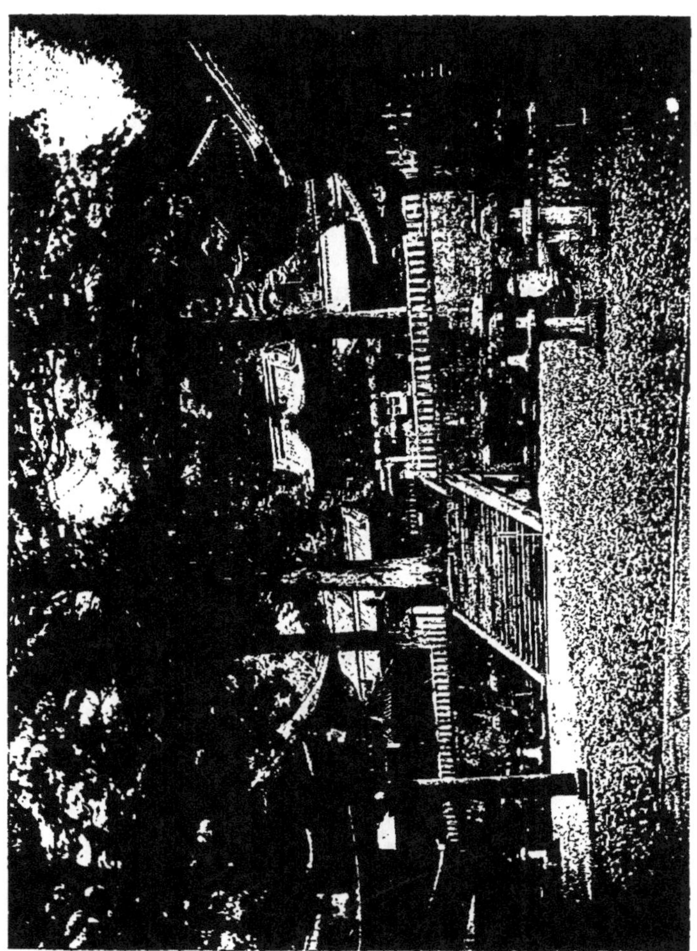

Coll. Germaine Eymery.

Fig. 9. TORI, LANTERNES FUNÉRAIRES, DANS LA COUR INTÉRIEURE D'UN TEMPLE, A NIKKÔ.

artistes qui, avec une fantaisie inédite et troublante,
se complurent à nous éberluer par le truchement de

tout le petit monde fiévreux qu'ils enfantèrent, autant pour célébrer la vie que pour nous en consoler.

Et, jusque dans les joyaux de ciselure, de gravure, etc., dont nous avons fait nos bibelots précieux, se poursuit cette caresse singulière et étrange dont nos yeux comme notre main sont ravis. Double délicatesse.

On peut dire, sans exagération, que les Japonais ont embelli tout ce qu'ils touchèrent. Cette observation caractéristique nous prépare à parcourir avec ferveur le style qui nous occupe.

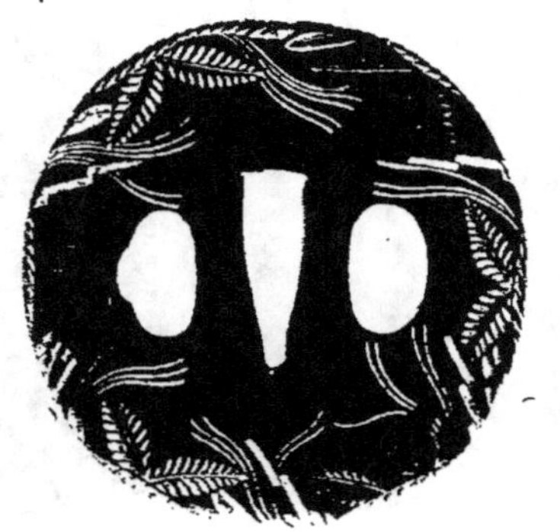

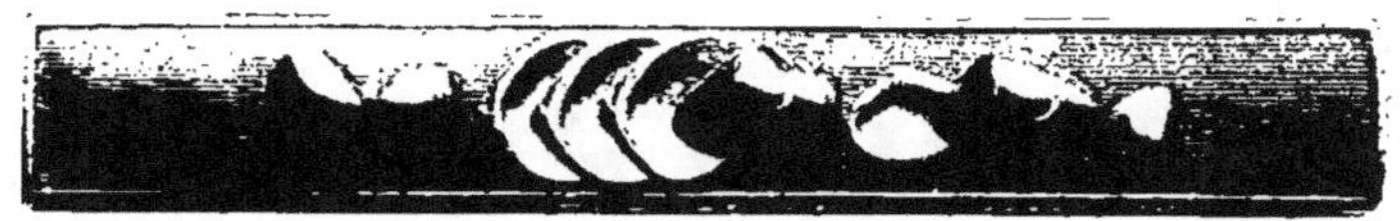

CHAPITRE II

L'Architecture et le Jardin

L'architecture ancienne du Japon reflète, tout
d'abord, les mœurs simples de ce peuple. De même
que les arts plastiques n'y avaient point « progressé »
à l'européenne, l'architecture, qui, ainsi qu'en Chine,
résista aux influences occidentales, ne se manifeste
guère monumentale, au Japon, que dans le temple.

Le Japon et la Chine accentuent encore, ici, leur
contact étroit d'expression. Il ne faudrait donc point
que le rêve où nous berça quelque *kakemono* nous
illusionnât sur des monuments aussi vastes qu'hypo-
thétiques dans le passé. Ne nous suffit-il point qu'une
silhouette élégante, aux contours raffinés et d'une
gracilité charmante — où s'évoque, parallèlement, la
demeure d'un Confucius — représente toute l'idée
monumentale de la patrie d'Hokusaï?

Le sol volcanique du Japon contredit d'ailleurs à

la supposition d'une architecture monumentale parti-

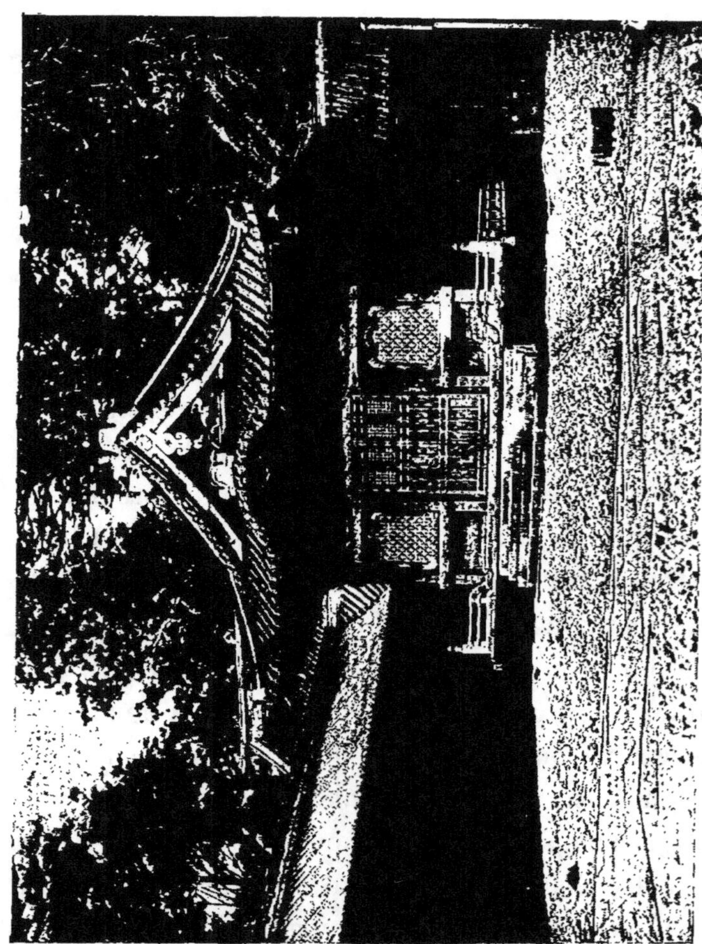

Fig. 10. Autre bâtiment dans un temple, a Nikkô.

Coll. Germaine Kymery.

culière, aux temps anciens. Non que la pierre ne
puisse s'offrir en quantité suffisante à la suggestion

constructive, mais parce que l'appréhension du trem-

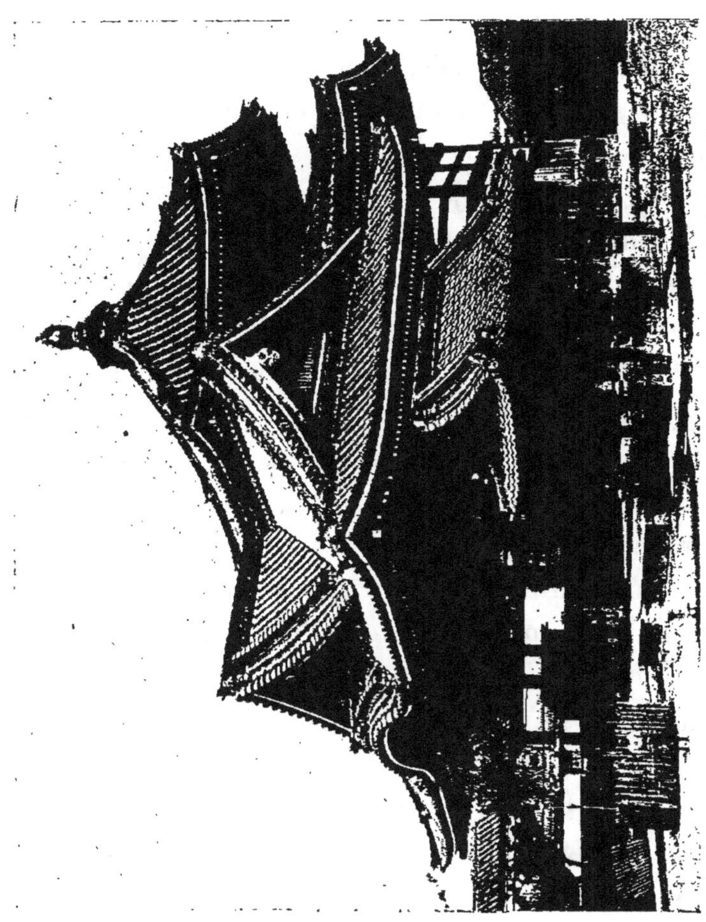

Coll. Germaine Eymery.

Fig. 11. Temple bouddhique (à six faces), à Kioto.

blement de terre, fréquent au Japon, explique initialement le caractère provisoire de ses édifices, quels

qu'ils soient. La rigidité de la pierre s'imposant moins à la secousse sismique que l'ondoyante souplesse du bois, et, d'autre part, au point de vue harmonieux, la frêle maison japonaise donnant plus ample satisfaction à la grâce d'une *mousmée* dans son décor adéquat.

La massive muraille de pierre (ou de terre) citée par Kœmpfer (dans l'*Histoire du Japon*, parue en 1732), ceinturant les anciens châteaux de la noblesse japonaise, évoque à nos yeux la fameuse « grande muraille » de la Chine, qui semble épuiser, avec des ponts gigantesques, le chapitre de l'architecture telle que nous l'envisageons dans ce pays et celui dont nous parlons.

Lorsqu'il s'agit, d'ailleurs, de constructions de pierres, ce sont encore des remparts que l'on cite (ceux notamment de la citadelle d'Osaka (fig. 23), datant du xvie siècle et détruits en 1868), et, en résumé, c'est dans la construction en bois qu'il faut distinguer le chef-d'œuvre architectural typique, au Japon, en rompant avec l'image hallucinante de notre cathédrale pour une vision qui ne saurait être diminuée parce que différente.

Aussi bien verrons-nous les Japonais utiliser leur « matériau » végétal avec une habileté technique surprenante, ce en quoi ils briseront définitivement avec le modèle indou. Logiquement ils n'emprunterent aucune de leurs silhouettes à la pierre, de

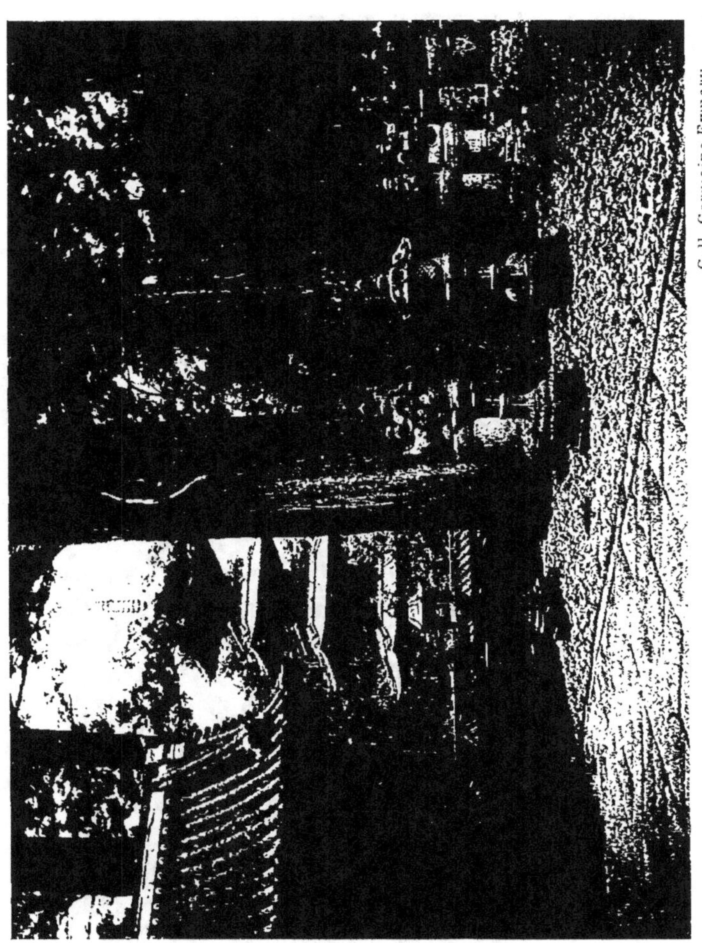

Fig. 12. Pagode du grand temple de Nikkô, lanternes funéraires.

Coll. Germaine Eymery.

même qu'ils s'en tinrent avec goût aux exclusives res-
sources de leur matière de choix, au point de suivre

fréquemment l'exemple de l'arbre, aux étages de

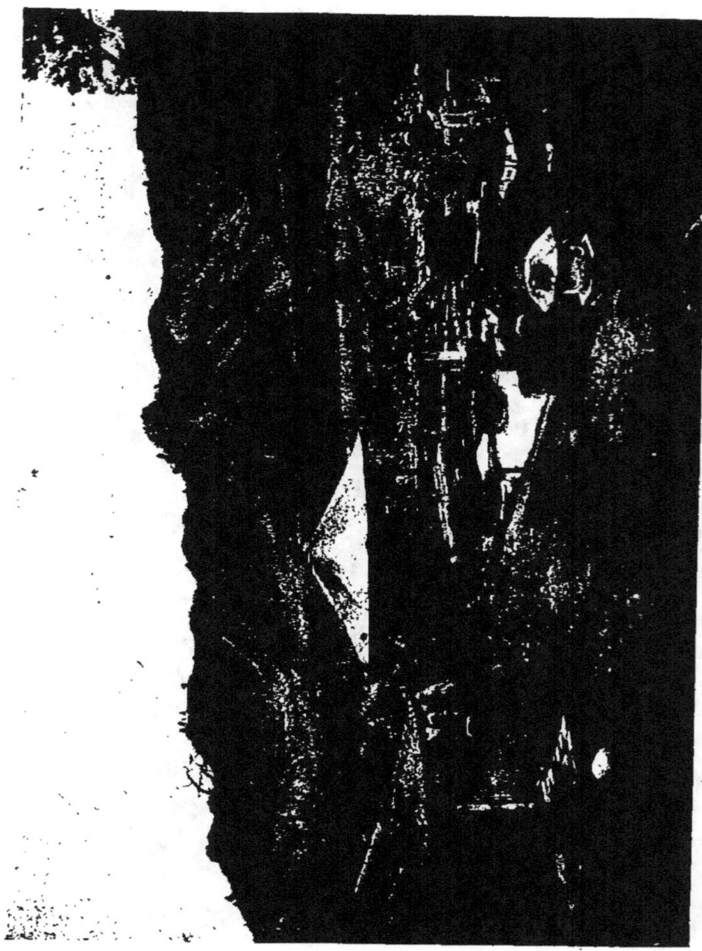

Fig. 13. JARDIN JAPONAIS.

Coll. Germaine Eynery.

branches successifs (pagode, entre autres, du Yakushiji,
à Nikkô), des conifères, dont les toits de leurs édifices imi-

tent, au surplus, à leur extrémité, le relèvement élégant.

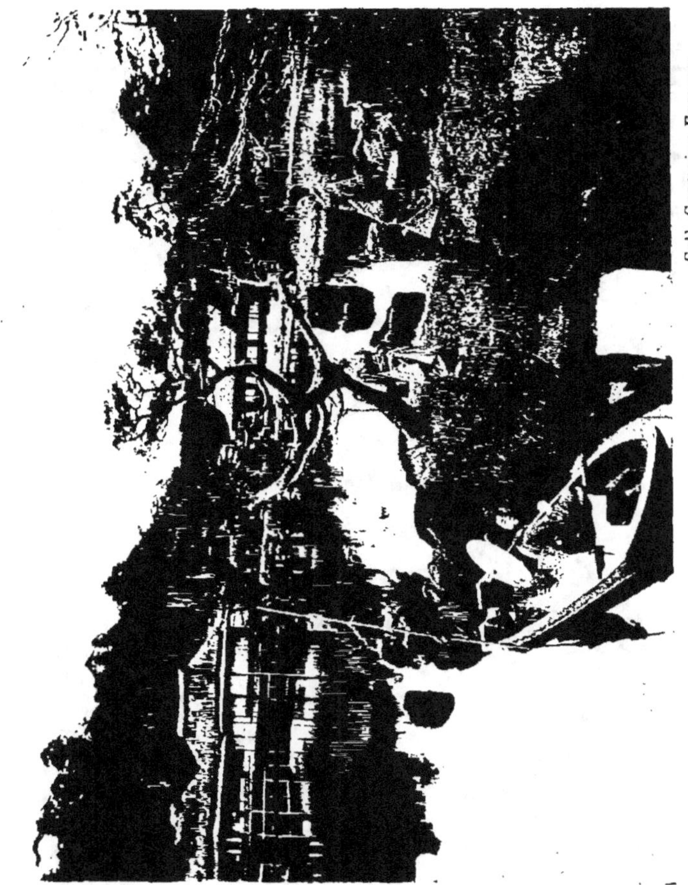

Fig. 14. PAYSAGE JAPONAIS.

Coll. Germaine Eymery.

Les Nippons pouvaient-ils demeurer insensibles aux parfums qu'exhalaient sur leurs montagnes les ombrages de cryptoméries qui les incitaient à construire la demeure de leurs dieux autant par la qualité

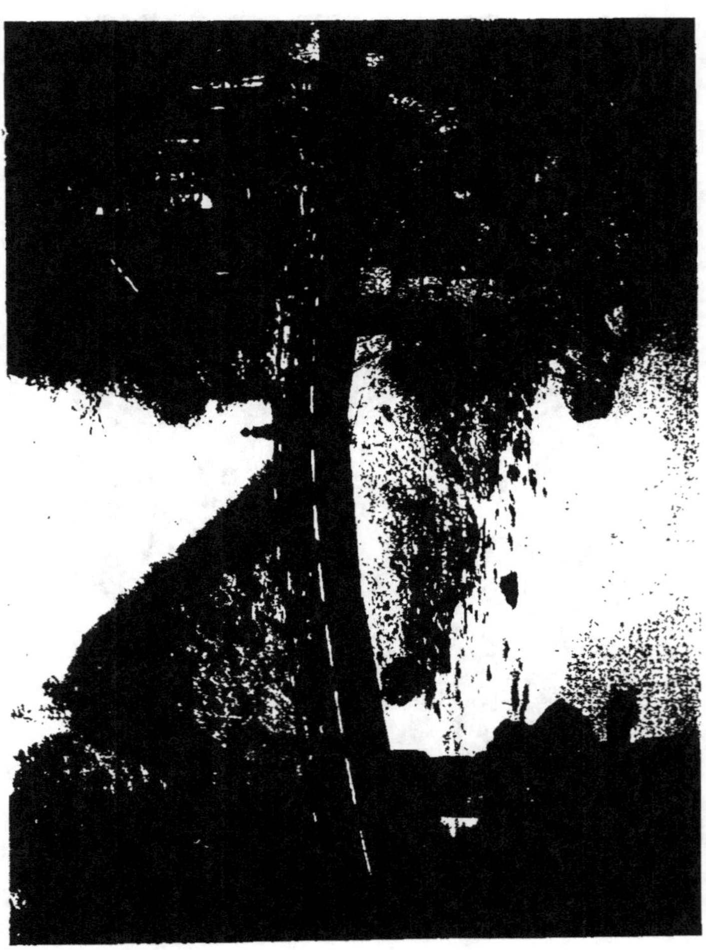

Fig. 15. PONT JAPONAIS.

Coll. Germaine Eymery.

savoureuse de leurs fibres que par l'altitude de leur cime !

D'imposants madriers, d'une seule venue, servirent ainsi de base à des temples, au bénéfice, souvent, d'une originalité saisissante, tout au moins dans certaine perspective résultant de la succession de ces madriers audacieusement érigés et cumulés.

La forte épaisseur, en saillie, du toit japonais, s'adapte ingénieusement encore, au climat inégal et variable, quoique plutôt chaud et pluvieux, du pays, et l'arête de ce toit, décorativement relevée sur les côtés (ainsi que nous venons de le signaler) de leurs temples, ne s'oppose point à la pente nécessaire à l'écoulement des eaux pluviales, celle-ci allant en s'infléchissant gracieusement vers son milieu.

Après cet effleurement et avant d'aborder le détail de notre objet, nous évoquerons la tente donnée pour caractéristique à l'architecture des peuples de l'Extrême-Orient. La tente chinoise circulaire, un pivot central relevant sa toile; la tente japonaise dont la toile était jetée sur deux montants de bois dont on liait l'extrémité supérieure en forme de croix de Saint-André. Cette dernière signalétique constructive à retenir lorsque nous comparerons le temple bouddhique au temple shinto.

Il y a donc lieu de séparer initialement la maison japonaise — au type plutôt banal — de l'architecture réelle représentée par le temple, par la pagode.

L'emploi du bois domine dans la maison (ceinturée

elle-même de bambous), tout comme dans les temples shinto et bouddhique, mais à ce dernier sont réservées les richesses de la décoration et de la couleur.

Que la maison appartienne à un rustre ou à un bourgeois, qu'un chaume ou que des bambous coiffent ses simples madriers (au village), ou des tuiles (à la ville) ; pareil aspect.

Le pittoresque de la maison japonaise *(yashiki)* [fig. 14, 29 et 30], son âme à la fois juvénile et craintive, ne sauraient néanmoins laisser indifférent. Les cités lacustres de notre Gaule en possédaient une semblable pour des raisons similaires d'instabilité, et la fraîcheur du bambou s'accorde dans l'intimité japonaise, avec l'ingéniosité candide de son installation.

Car le bambou joue également son rôle de légèreté à l'intérieur, rappelant agréablement celui qui préside à la couverture extérieure.

L'édification de la maison japonaise débute par la pose du toit. On le hisse, aussitôt achevé, sur les pièces de bois constituant les assises; il s'avère symboliquement le point capital de la charpente, et nous l'admirerons dans le temple, embelli par des encorbellements, dissimulé sous des plafonds, qui honorent encore l'art du charpentier avant de flatter l'ingéniosité du décorateur.

Point davantage de vitres aux vastes baies de la

maison japonaise; pas de fondations pour la soutenir. Du papier transparent remplace le verre, et des socles

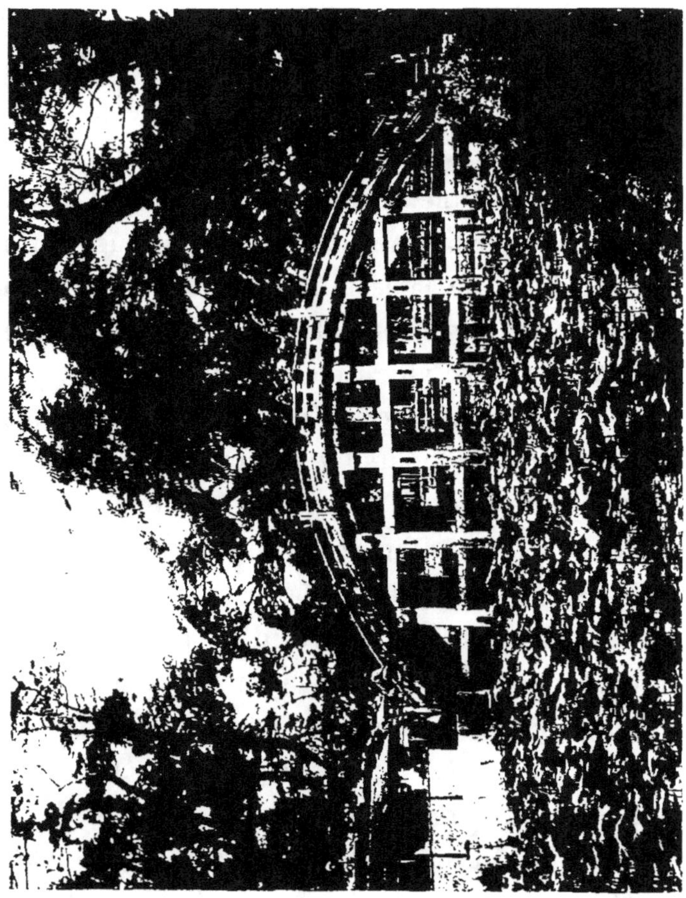

Fig. 16. PONT JAPONAIS, A OSAKA (sur des lotus).

Coll. Germaine Eymery.

de pierre reçoivent les supports de l'édifice en le désolidarisant du sol. Ainsi l'élasticité et l'indépendance des points d'appui, ainsi la fragilité des vitres, ainsi le ballant tempéré par l'importance du toit d'accord avec des consoles de soutien ingénieusement distribuées, ne séparent-ils point l'esthétique du souci incessant de ces tremblements de terre qui n'ont jamais désarmé au pays de Hidari Zingoro.

Et, timidement, une terrasse ou une véranda, courant tout autour de la maison, s'ouvre spacieuse parmi les lignes calmes de l'ensemble; le toit, fort étendu, protégeant à la fois contre le soleil et les intempéries; un étroit espace vide isolant le plancher de l'humidité de la terre sous l'action des pluies abondantes.

En attendant de poursuivre l'architecture japonaise, en propre dans le temple, nous constaterons, avant de pénétrer à l'intérieur de la maison, que l'ingéniosité de son principe constructif aboutit à une sobriété dans le provisoire, d'un goût typique. Sobriété à laquelle correspond la vacuité d'une seule et unique pièce surmontant un rez-de-chaussée, à laquelle on accède par un escalier en échelle de meunier, toujours en bois.

Mais cette pièce, au plafond constitué de planches recouvertes de papier, est vaste, et, des châssis mobiles, recouverts de gros papier blanc, glissant sur des rainures, la subdivisent en autant de compartiments désirés.

Ni peinture, ni vernis, sur les boiseries claires

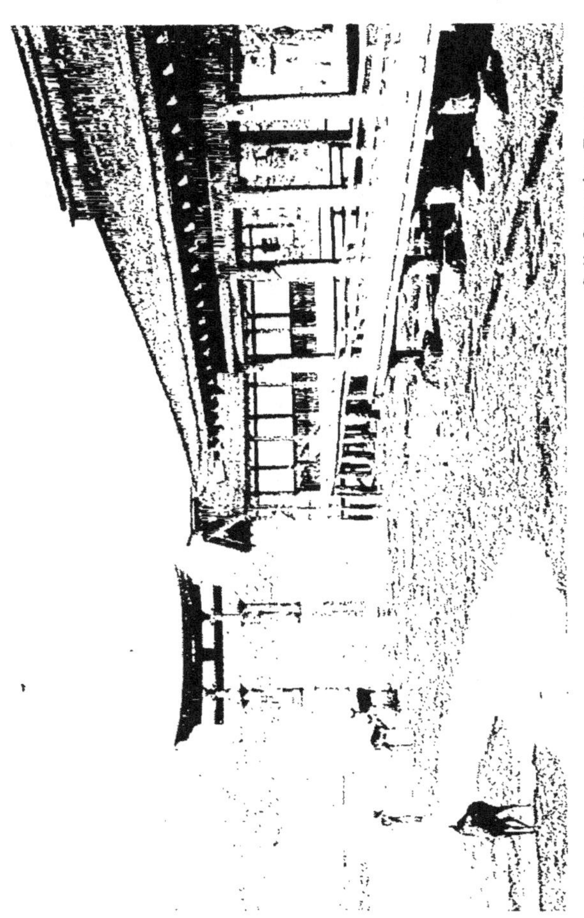

Coll. Germaine Eymery.

Fig. 17. Temple shinto d'Itsukushima
(début du VIIe siècle, restauré et agrandi au XIIe siècle).

seulement ajourées avec une légèreté charmante et
non moins agréablement assemblées que les piliers

de soutien, empruntant à la géométrie leurs lignes nettes ou affectant un tronc naturel enlacé de lianes.

L'effet d'ensemble est la fragilité, la fraîcheur, la nudité, et il ne faut point compter sur le mobilier japonais pour corriger cet aspect général. Nous consacrerons plus loin au mobilier le court chapitre qui lui sied.

Nous en arrivons au temple japonais.

Son chapiteau, tout d'abord, est caractéristique : plutôt un robuste noyau de charpente où s'enchevêtrent des consoles et des chevrons, avec une science de la coupe et de l'assemblage du bois, remarquable. Non moins typique apparaît l'encorbellement du toit où se jouent des consoles multiples — auxquelles on pourrait reprocher leur but le plus souvent purement décoratif, — des corbeaux — aussi volontiers sacrifiés au plaisir de l'imagination — d'une forme fantaisiste et d'un amoncellement original.

Pareille accumulation, d'essence plus ornementale que rationnellement architecturale, dans les plafonds (fig. 24 et 26). On y voit, par exemple, des petites consoles soutenant encore — seulement pour l'effet d'agrément — de robustes traverses fortement engagées dans la boiserie. Mais ces traverses et consoles sont ornées de nervures si gracieuses, de moulures, de chanfreins si spirituellement capricieux ; leur mouvement est tellement désinvolte, que leur richesse inventive finit par triompher de cette logique dont notre acception occidentale s'est fait une loi en matière constructive.

Sans compter que ce chapiteau — que la Chine dédaigna — que ces encorbellements, linteaux et colonnes, flamboient (dans le temple bouddhique) sous le rouge vif du laque rouge qui les revêt, avec des rehauts d'or avantageusement distribués, concourant à égayer la pesanteur d'un toit, d'importance capitale, pour le concilier au goût prédominant des vides sur les pleins de la silhouette générale.

Ce toit impérieux, concave, recouvert de briques, d'une complication, d'une ondulation si essentiellement décoratives, avec ses doublures imprévues, ses festons et arêtes tellement découpés et ornés en terre cuite, en bronze; avec la superposition fréquente de ses deux chapiteaux coupés par un linteau qui ajoure si délicatement la masse portée par la colonne ; avec, enfin, ses sculptures aussi minutieuses que richement fouillées et prodiguées, rejoint dans la pensée éblouie la broderie, les ivoires, non moins hallucinants de détails, dus aux mêmes Japonais, comme pour confirmer que le génie est une longue patience.

Cette impression d'admiration se continue dans la contemplation des portes des temples détaillant, en leurs divers plans et décrochements, les plus subtils trésors de la conception (fig. 2, 4 et 5). Frontons bas

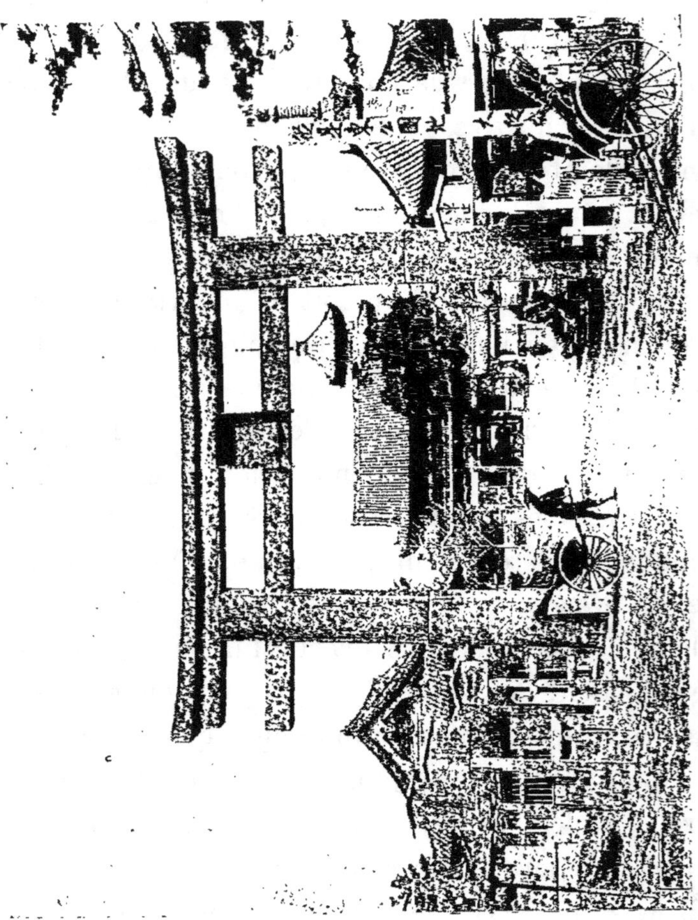

Coll. Germaine Eymery.

Fig. 18. Entrée du Tennoji, temple d'Osaka.

et hauts-reliefs célébrant à profusion tout un monde
chimérique, tout un rêve où le religieux le dispute au

profane, dans une gaîté, dans le foisonnement des

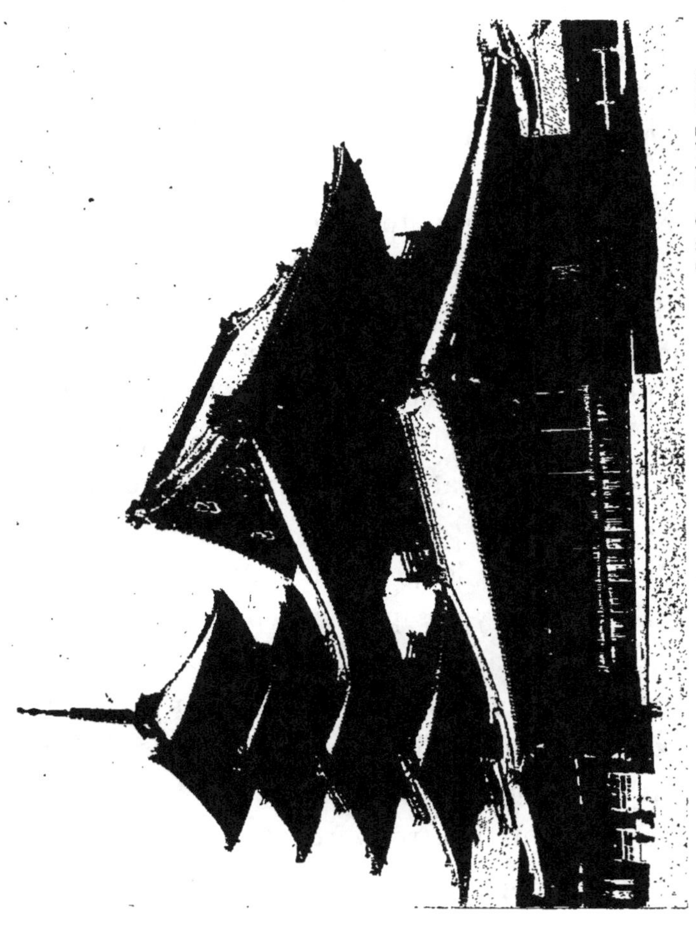

Fig. 19. TEMPLE DU TENNOJI, A OSAKA.

sentiments les plus divers, mais toujours ramenés
à un idéal décoratif.

A côté du riche temple bouddhique *(téra)* d'importation, à l'intense polychromie des laques et des vernis, aux parures éclatantes — la simplicité quasi naïve du temple shinto, d'origine malaise ou du vieux Japon *(miya)* où les Nippons sacrifient à leur religion nationale.

On reconnaît, en outre, le temple shinto aux pentes droites de son toit de chaume ou recouvert de lamelles de sapin, aux doubles poutres croisées qui le surmontent en souvenir de l'antique tente japonaise dont l'extrémité supérieure — ainsi que nous l'avons dit précédemment — affectait la forme d'une croix de Saint-André. Au surplus, le temple shinto est en bois naturel, ni verni ni laqué (exemple le plus ancien de ces édifices consacrés à la déessè Amaterasu, à Ise); des pieux le ceinturent et des arbres vénérables, des cyprès principalement, l'ombragent.

Le temple shinto s'avantage d'un *tori* ou portique d'entrée (en bois laqué rouge vif, ou en pierre et en bronze comme celui du temple de Yéyas, à Nikkô, le plus remarquable). Le *tori* (fig. 1, 9, 17 et 18) est composé de deux poutres verticales — inclinées l'une vers l'autre — que des doubles traverses, aux extrémités relevées, horizontales, relient. Fréquemment on accède au monument principal sous des successions de *tori* (témoin l'allée conduisant au temple d'Inari, à Kiotô).

Quant à l'aménagement intérieur du temple shinto, il frappe par son humilité, non moins que la maison japonaise, mais avec cette même subtilité du détail qui correspond au luxe. On pourrait dire que la simplicité et le culte du détail constituent la carac-

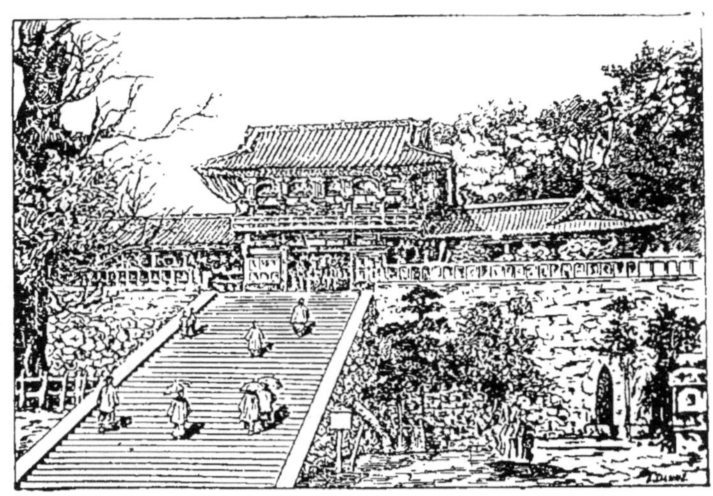

Fig. 20. Temple de Hachiman, a Kamakura.

téristique la plus essentielle de l'architecture nationale japonaise, c'est-à-dire celle qui ne doit rien à l'Inde ou à la Chine, ni à la Perse. Mais nous reviendrons sur ce point lorsque nous parlerons du mobilier, et nous achèverons de meubler sommairement le temple shinto, d'une table non laquée sur laquelle on aperçoit un miroir métallique, symbole de pureté et de création, d'un fouet à lanières de papier, signifiant la candeur et la divinité, d'un sabre, enfin. Point d'idoles ni de peintures dans le sanctuaire.

Le lecteur imaginera, en revanche, le luxe le plus étourdissant et le plus varié à l'intérieur du temple bouddhique où la menuiserie le dispute à l'orfèvrerie dans l'aménagement même.

Les temples japonais sont indifféremment constitués par une enceinte et un jardin. Certains, comme le grand temple de Nikkô (fig. 2 à 12), cumulent enceintes, portes et jardins, au point de représenter toute une ville ! Il existe des temples qui comptent jusqu'à six faces (fig. 11). On remarque dans les temples bouddhistes, après avoir franchi un portique à double étage, des citernes, le ou les bâtiments principaux disposés sur une vaste cour où s'élance une pagode (1) à cinq degrés, rutilante ; puis, indépendamment des appartements réservés aux prêtres, des lanternes funéraires d'un charme décoratif attachant, un beffroi renfermant une cloche, des kiosques, des fontaines délicieusement surmontées d'un toit capricieux. La grande lanterne en pierre (il en existe aussi en bronze) du temple Nanzenji, à Kiotô, donne notamment une idée de ces petits monuments originaux que nous signalons encore plus loin.

____

(1) Il y a dans nombre de nos clochers bretons, aux étages ajourés et superposés, comme un souvenir de la pagode.

On n'oubliera point aussi, gardiens du seuil, les

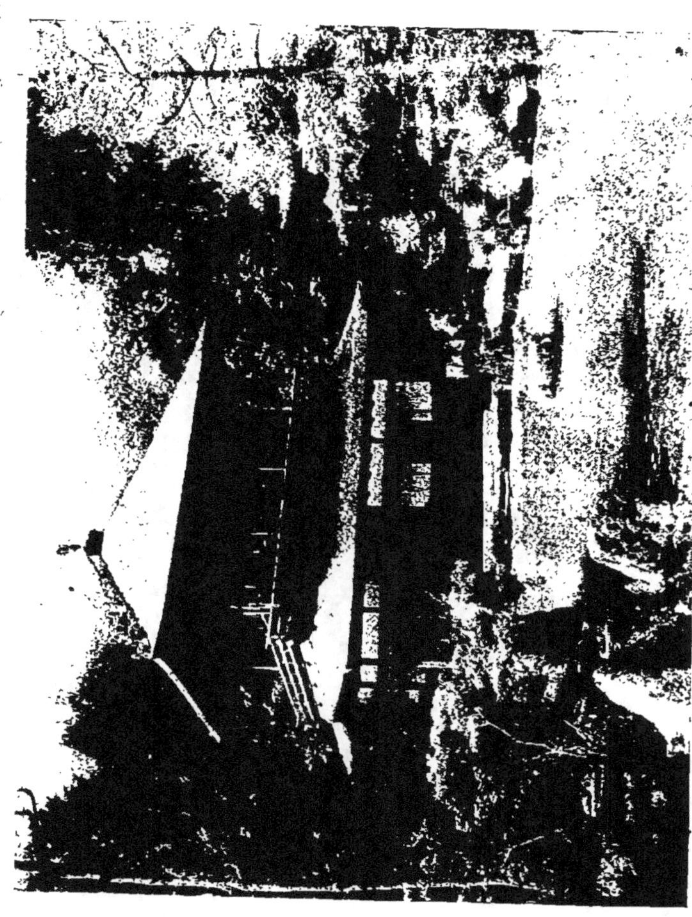

Fig. 21. VILLA DU GINKAKUJI, A KIOTÔ.

Coll. Germaine Evrnery.

statues des *Niwô* (fig. 95 et 97), ou des quatre rois du ciel, *Shitennô*.

Après avoir dit le goût des Japonais pour les har-

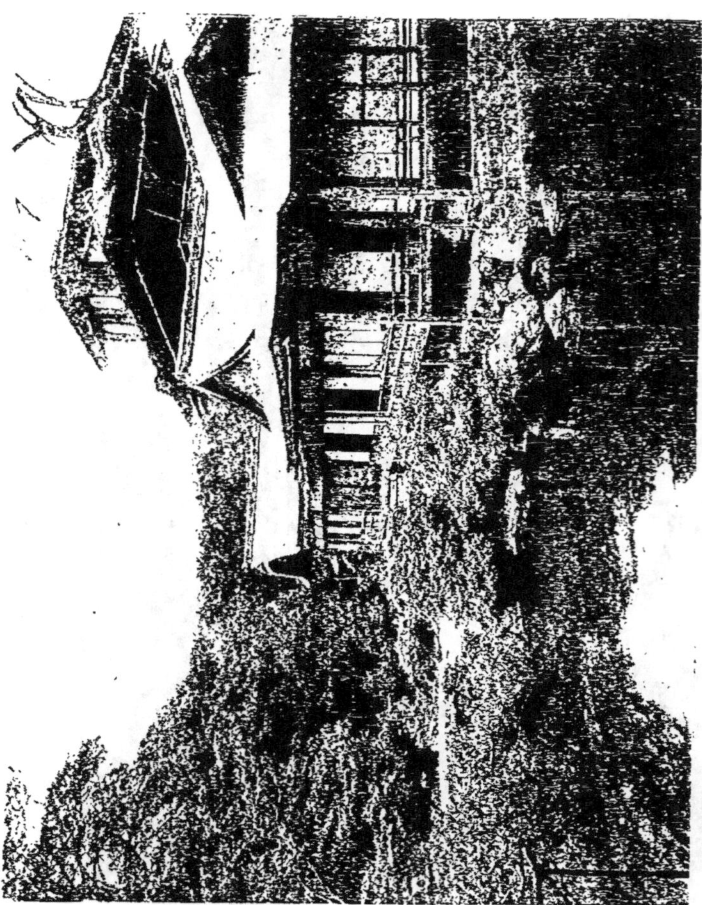

Fig. 22 JARDIN DU GINKAKUJI, A KIOTO.

Coll. Germaine Eymery.

monies du décor dont la construction de leurs temples
shinto et bouddhiste témoigne abondamment, Louis

Gonse *(L'Art japonais)* insiste sur cette architecture

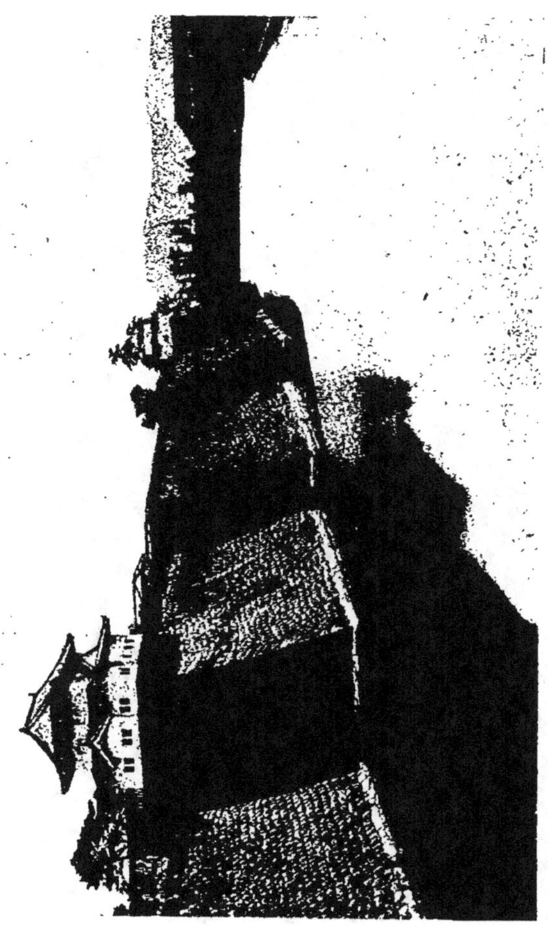

Coll. Germaine Eymery.

Fig. 23. Un des fossés de l'ancienne citadelle d'Osaka.

religieuse « complément nécessaire du paysage »
sur les arbres, les rochers, les eaux « jouant leur note

dans la symphonie », et conclut que : « c'est au milieu

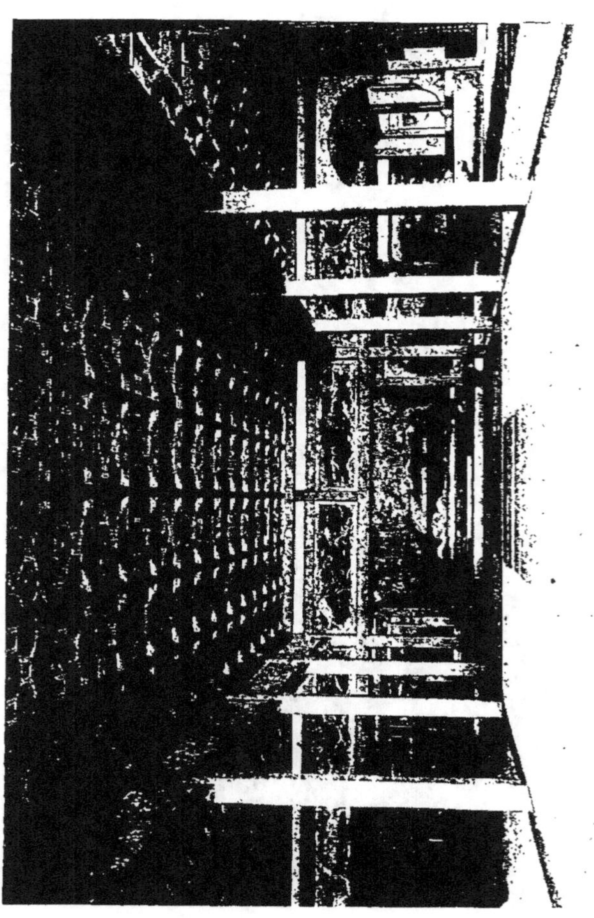

Coll. Germaine Eymery.

Fig. 24. Grande salle du temple bouddhique Hongwanji, a Kiotô

des accidents les plus variés et les mieux choisis de la
nature que le Japonais aime à voir s'échelonner les

portiques à la silhouette élégante et monumentale, s'étager les lanternes funéraires (fig. 6 et 12), les vasques en bronze, les chapelles aux opulentes toitures, s'élancer les pagodes en laque rouge dont l'éclat puissant tranche sur la verdure des conifères. »

La pagode japonaise, héritée de l'Inde et de la Chine, a rompu avec celle de ce dernier pays, polygonale et comptant jusqu'à treize ou quinze étages, expression symbolique des cieux superposés à la terre. La pagode chinoise visait à l'effet en hauteur, tandis que la pagode japonaise a réduit le nombre des étages en développant, en largeur, ses toits gracieusement relevés à leur extrémité.

La pagode japonaise, inséparable de son décor, témoin celle de Kiyomidzu, à Kiotô, nous conduit à parler du jardin japonais, non moins soudé à l'architecture de ce pays, qui, au contraire de situer le monument dans son milieu, le considère comme le motif dominant du site où il s'érige.

L'art des jardins apparut au Japon sous Héian (784-1186), époque de civilisation fort raffinée, et le belliqueux moyen âge l'abandonna. Puis ce fut vers la fin du xve siècle que le goût de la végétation accommodée revint, particulièrement vif.

Nous savons que la prédilection des Nippons pour la nature n'a d'égal que leur amour de la vie même, et nous déambulerons dans leurs jardins (fig. 13 et 14)

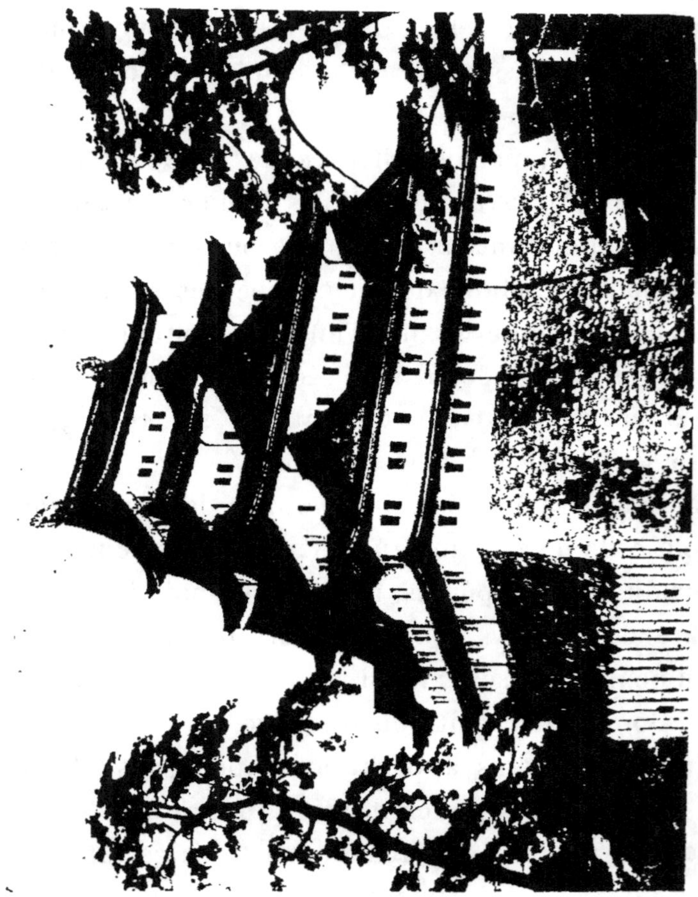

Fig. 25. CHATEAU FÉODAL DE NAGOYA.

Coll. Germaine Eymery.

— précédant la plus modeste maison, même — avec l'impression de l'enchantement.

Absence totale de régularité (du moins telle que

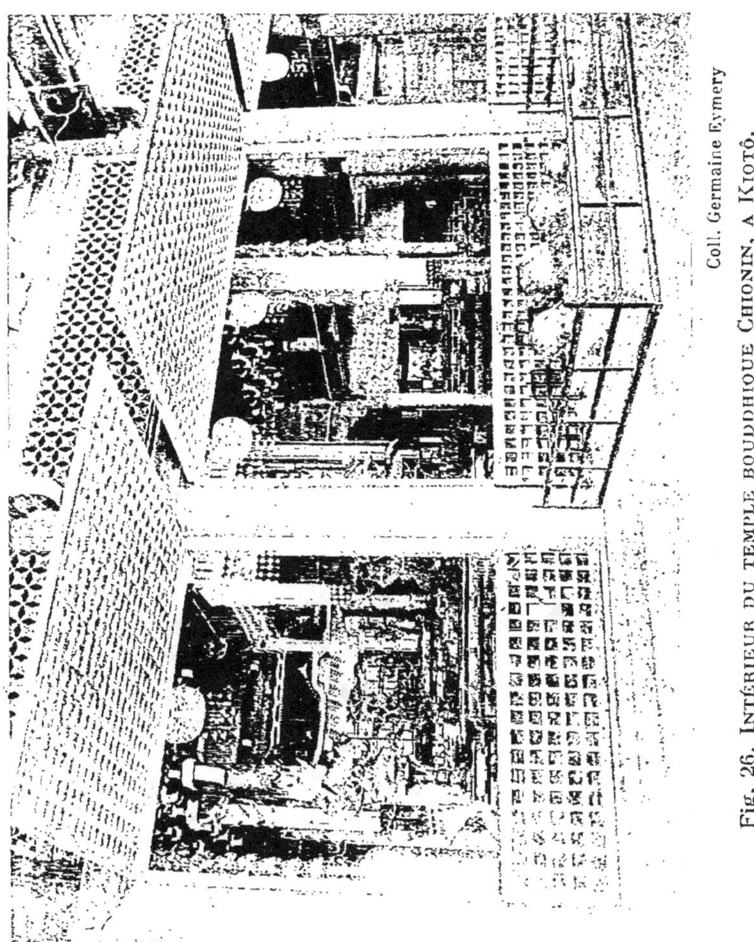

Fig. 26. INTÉRIEUR DU TEMPLE BOUDDHIQUE_CHIONIN, A KIOTÓ.

Coll. Germaine Eymery

nous l'entendons). Du sable et des menus rochers —
le commerce en débite de toutes formes pittoresques

— — jouant, à travers les caprices les plus ingénus, le

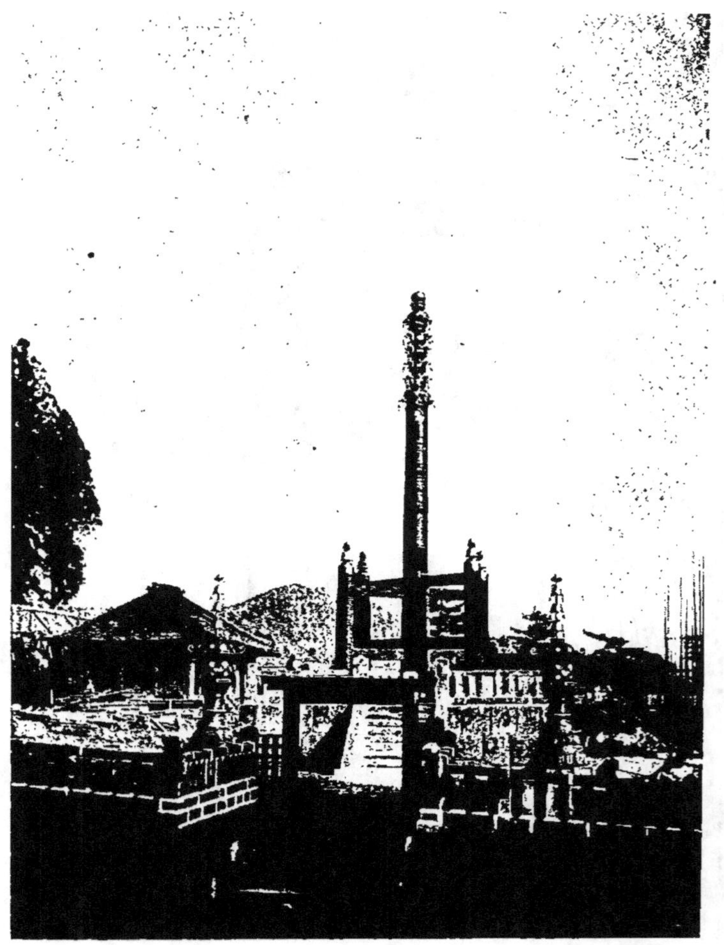

Coll. Germaine Eymery.

Fig. 27. Tombeau des shyogun, a Nikkô

paysage naturel où des arbres nains réfléchissent leurs

rameaux embaumés dans des rivières lilliputiennes
que des ponts en réduction enjambent; des arbres
dont la science nipponne s'ingénia à ralentir la
croissance. Pruniers, cerisiers, lauriers, etc., constituant à diverses échelles curieusement rabaissées,
des fonds et premiers plans, des accidents qu'animent cerfs (1) et grues, canards et grenouilles,
lucioles et grillons; toute la mise en scène d'un rêve
en miniature où s'évoquent la puérilité d'un jouet
et la grâce d'un sourire amenuisé. M. Claude Farrère,
dans la *Bataille*, chantera ainsi le jardin japonais
de son marquis Yorisaka : « ... Il était en pente raide,
ce jardin; et la maison apparaissait au plus haut d'un
sentier qui serpentait parmi des rocs, des forêts, des
torrents, des cascades et des cavernes; tout cela,
bien entendu, en miniature, car le paysage entier
n'avait pas vingt mètres dans sa plus grande dimension. Les arbres étaient par conséquent de ces cèdres
nains, hauts comme des épis, que le Japon seul
sait racornir comme il faut, ou de minuscules cerisiers;
les monts étaient des taupinières savamment grimées
en sierras abruptes; et les lacs, des bocaux à poissons
rouges, sertis, pour la vraisemblance, de rives pittoresques, verdoyantes ou fleuries... »

(1) Des cerfs, des biches, des daims sacrés se promènent en
liberté notamment dans le parc des temples de Kasuga,
d'Itsukushima (fig. 17) et de Miyajima, à Nara.

Et, s'arrêtant soudain, pour mieux considérer les

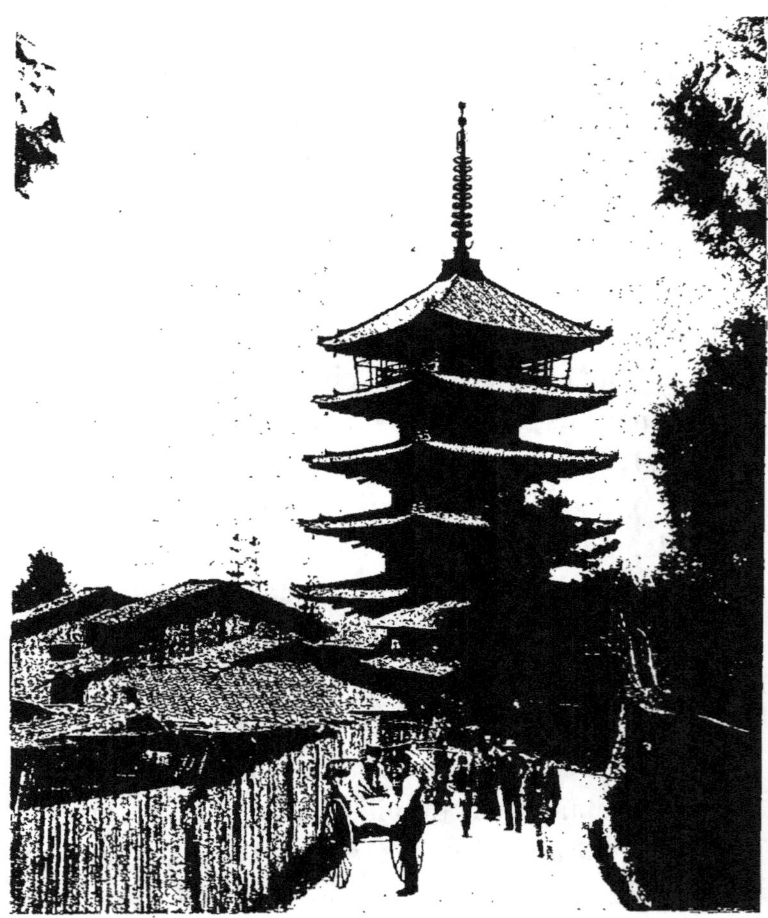

Coll. Germaine Eymery.

Fig. 28. PAGODE DE YASAKA, A KIOTÔ.

silhouettes baroques des tout petits rochers et des
tout petits arbres, aperçus de haut en bas, en rac-

courci, le J.-F. Felze, du romancier, fait cette

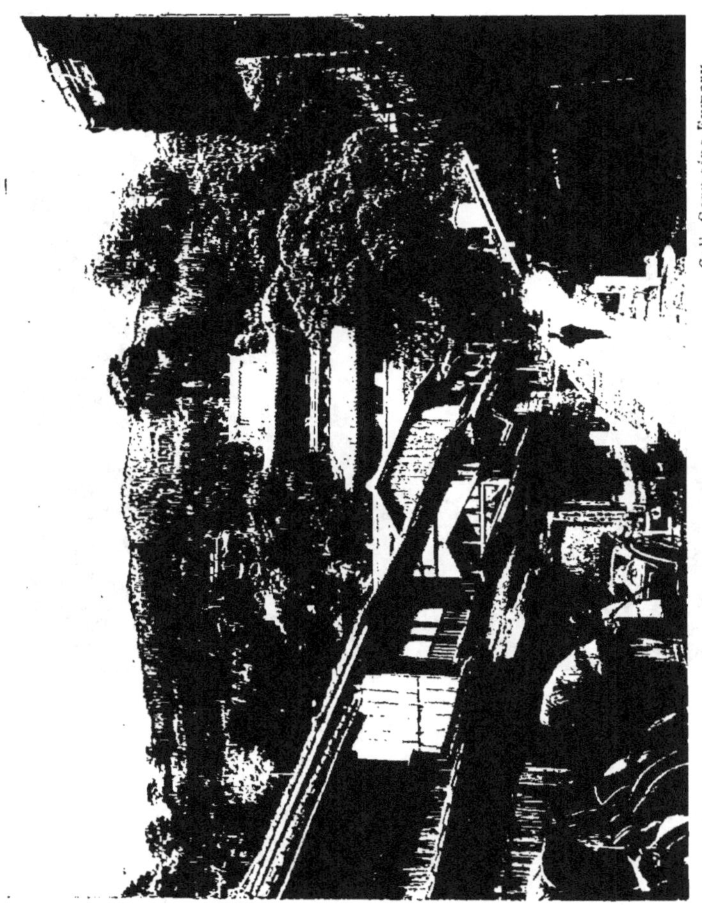

Coll. Germaine Eymery.

Fig. 29. Temple a l'extrémité d'une rue de Nagasaki.

réflexion : « — Pas étonnant qu'avec des jardinets
pareils, ces gens-là (les Japonais), si prodigieux par

le dessin et par la couleur, aient toujours déraillé dans une perspective de pure fantaisie ! » Puis apparaît la maison «... de bois, large et basse » qui « appuyait sa véranda sur de simples troncs polis.

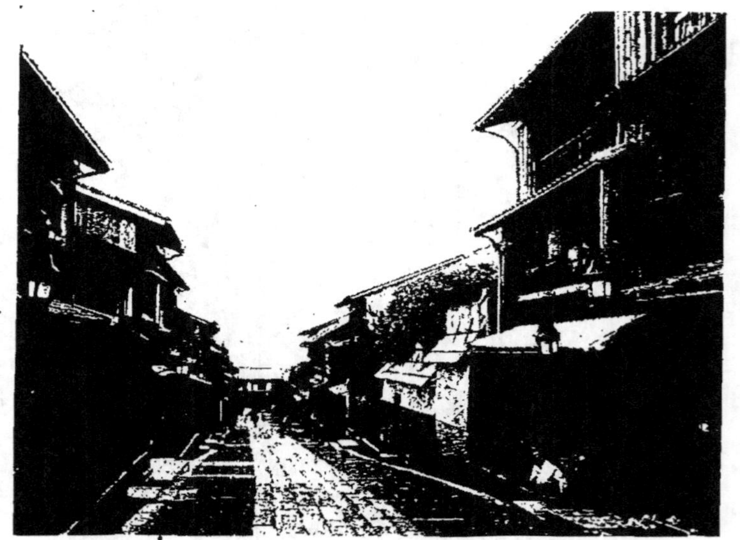

Coll. Germaine Eymery.

Fig. 30. Une rue de Nagasaki.

Entre deux de ces colonnes rustiques, au sommet d'un petit perron, la porte s'ouvrait, et, dès le seuil, les nattes étalaient leur blancheur sans tache... »

On envisagera, en terminant ce bref chapitre de l'architecture, des constructions civiles parallèles à celles que nous indiquâmes précédemment, mais moins riches que les temples, bien qu'au point de vue menuiserie et charpente, et relativement à l'éclat des peintures, ces constructions atteignent un grandiose inimitable.

Qu'il s'agisse d'un pont (fig. 15 et 16) ou du moindre kiosque, le bois s'honore toujours, au Japon, de l'art qui l'utilisa comme de la science de laquelle se réclament la hardiesse de sa portée, l'ingéniosité de son équilibre. Aussi bien ce pont, ce kiosque, cadrent essentiellement avec le site où on les plaça. L'architecture japonaise, enfin, ne vaut que dans son paysage. Elle constitue un ornement complet qui ne saurait être transplanté sous aucun autre ciel, et notre goût européen manquerait à l'éclectisme s'il lui reprochait sa recherche théâtrale transposée du *kakémono* purement décoratif et cérébral devant lequel il se pâma. Parmi les édifices célèbres du Japon, nous citerons au début du VIIe siècle : le *temple d'Itsukushima* (fig. 17) et le *Tennoji* (fig. 18 et 19) à Osaka, au VIIe siècle : le *temple bouddhique de Horyuji*, près de Nara, ancienne capitale ; au VIIIe siècle : les *temples de Kasuga, de Todaiji, de la déesse Kwanon et de Hachiman*, à Nara, le *temple de Toji*, aux environs de Kiotô ; au IXe siècle : le palais *Goshyo*, à Kiotô ; au XIe siècle : le temple *Howodo*, à Udji, en Yamashiro ; au XIIe siècle : *le temple de Hachiman*, à Kamakura (fig. 20), où se trouve le gigantesque Bouddha de bronze ; au XIIIe siècle : le *temple de Tofukuji*, à Kiotô ;

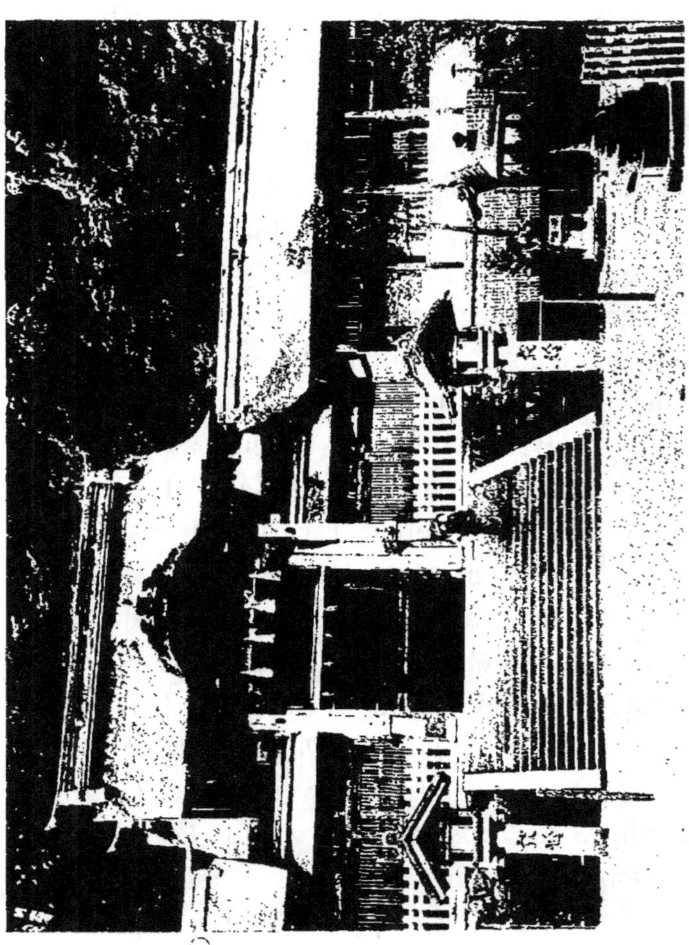

Coll. Germaine Fymery

Fig. 31. TEMPLE DE OSUWA, A NAGASAKI.

au XVe siècle : le *Ginkakuji* (même ville) [fig. 21 et 22] ;
et le *donjon du Shiro de Himedji*, en Harimo ; au

x́vɪᵉ siècle : les *remparts de la citadelle d'Osaka* (fig. 23),

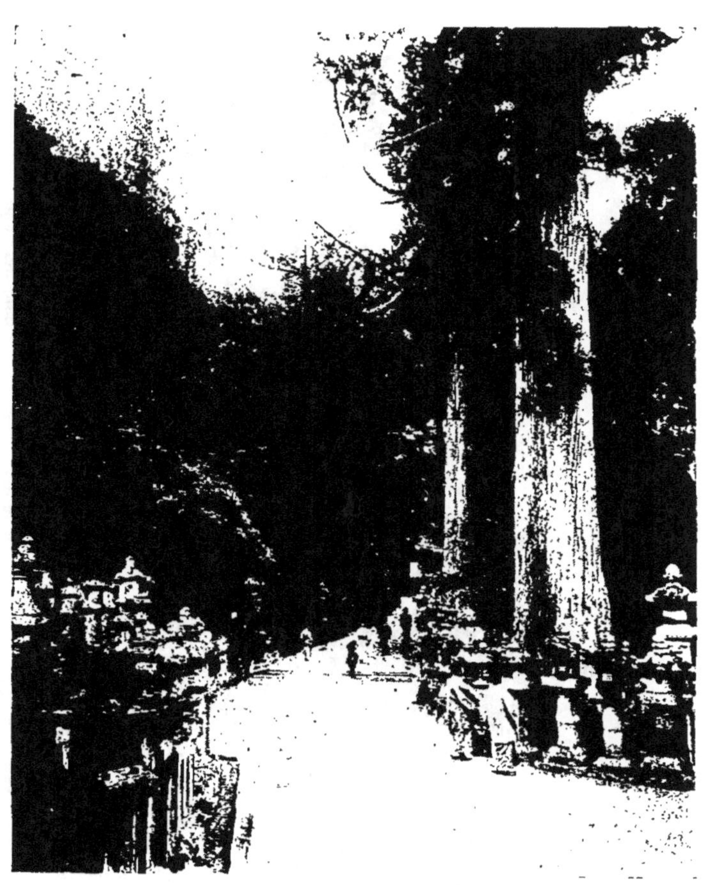

Coll. Germaine Eymery.

Fig. 32. LANTERNES FUNÉRAIRES EN PIERRE,
DU TEMPLE SHINTO DE KASUGA, A NARA.

déjà nommés, et le temple *Hongwanji* (fig. 24), à
Kiotô ; au début du xvɪɪᵉ siècle : le *château féodal de*

Nagoya (fig. 25); au XVIIe siècle : les temples *Chionin*

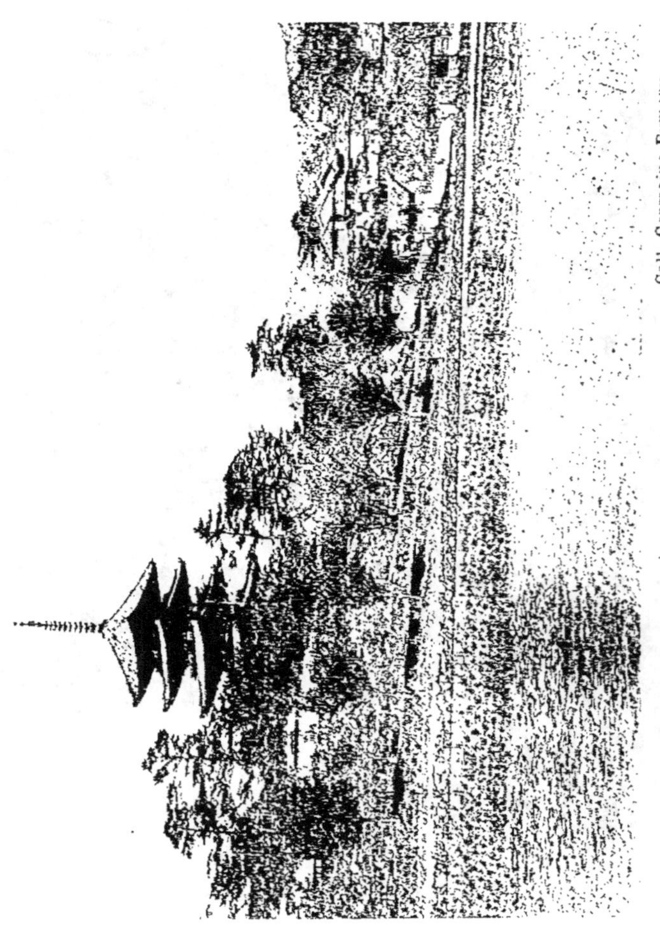

Fig. 33. LAC DE SARUSAWA, A NARA.

Coll. Germaine Eymery.

(fig. 26) et d'*Inari* à Kiotô, les *tombeaux des shyo-gun* (fig. 27), à Nikkô et à Tokio, par le célèbre sculpteur-architecte Hidari Zingoro; ces dernières

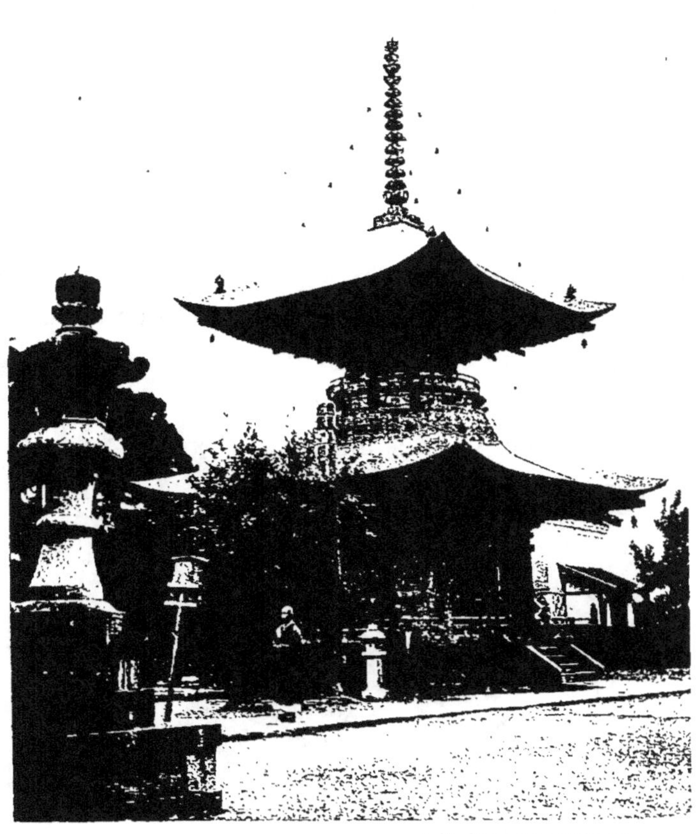

Coll. Germaine Eymery.

Fig. 34. PAGODE DU TEMPLE_DE_KOBÉ.

œuvres particulièrement représentatives et remar
quables de l'art qui nous intéresse.

C'est, en effet, au xviie siècle que l'architecture japonaise atteignit son apogée, et, pour terminer ce chapitre, nous évoquerons, en cul-de-lampe, le petit temple ancestral des Aïnos, au modeste toit de chaume que des colonnes en bois fruste soutenaient, sous l'ère du prince indigène Zinmou-Tennô (de 660 à 585 avant J.-C.), vis-à-vis des merveilleuses pagodes à cinq étages de Nikkô (fig. 12), de Yasaka (fig. 28), d'Osaka (fig. 19), de Kiotô, de ces édifices religieux, extraordinaires et charmants, qui résument la gloire constructive la plus fondée des Japonais, celle à laquelle ils sont demeurés fidèles depuis plus de deux siècles sans guère de variations typiques, avant de subir, vers la fin du xixe siècle, la suggestion européenne.

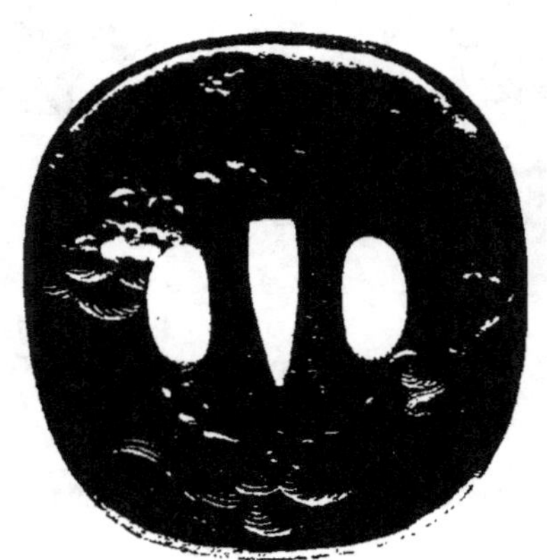

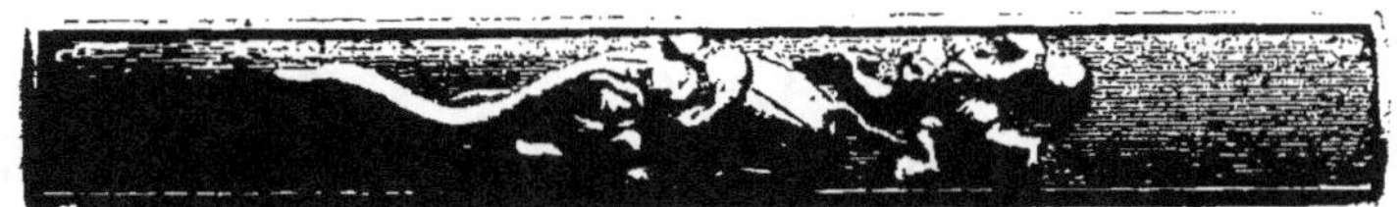

CHAPITRE III

La Peinture et la Gravure

On ne saurait envisager l'art plastique japonais dans le sens de notre conception occidentale, parce que, précisément, cet art demeure exclusivement décoratif. Nous venons d'indiquer une architecture subordonnée au décor naturel et existant plutôt en vertu de ce décor dirigé avec esprit. Les Japonais ont en somme prouvé qu'un tableau, pour être vraiment digne de ce nom, doit être essentiellement ornant sur le mur, c'est-à-dire mouvant et non figé, d'une irréalité impressionnante. En fait, malgré la sincérité extraordinaire des Japonais - qui découvrirent notamment sur les insectes des particularités échappées au microscope des savants — la vérité naturelle se dérobe à la plate copie dans une fantaisie charmante. En regardant leurs croquis, notés largement, avec tant de facilité et de décision, on dispute à

leur auteur cet amusement des yeux qui tient davantage du charme que de l'émoi, et verse à la longue
dans quelque monotonie résultant d'une individualité
volontairement restreinte.

Du moins le traditionalisme japonais s'arrête-t-il
volontiers à un dessin typique, alors qu'en matière
de couleur, toute la gamme des fraîcheurs s'en
donne à cœur-joie. Pourtant, a-t-on songé que la
volonté d'impersonnalité des mœurs japonaises —
qui s'étend jusqu'à la dissimulation du nom, jusqu'à
la négation de l'individu, comparativement à l'indi-
vidualisme européen — pouvait être l'explication
de l'uniformité de leur art ?

La beauté, telle que nous la concevons en Occident,
échappe donc, ici, non seulement dans la pensée que
nous y cherchons, résolue sous les aspects de la vie
suivant un rythme conforme à nos habitudes visuelles,
mais encore davantage dans une rupture d'équilibre
de la composition.

Or, cette rupture d'équilibre, ce goût de l'irrégularité, de la désinvolture, déjà admirés dans les jardins,
constituent de prime abord la manière qui nous
occupe. Comme venues au bout du pinceau, sans
souci de la symétrie des parallèles, chère à notre
recherche européenne, les silhouettes japonaises s'éta-
gent, se juxtaposent et se balancent dans une liberté
qui, sans méconnaître les lois de la perspective, —

auxquelles les Chinois demeurèrent fermés — du moins les conçoit différemment que nous.

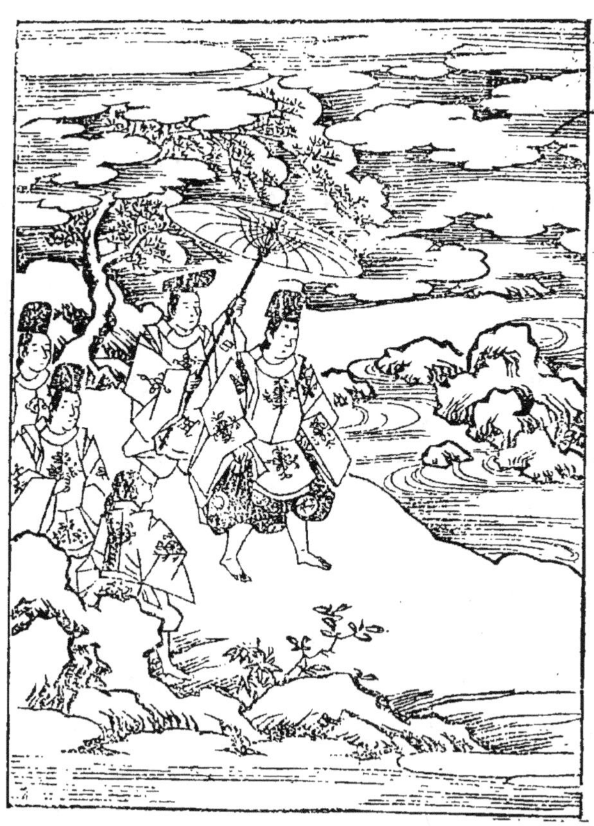

Fig. 35. PAGE D'ILLUSTRATION DE L'ISÉ MONOGATARI
(1608).

Au reste, lorsque nous parlerons des emprunts faits par le meuble français à l'Extrême-Orient, nous verrons que le début de notre style décoratif du xviiie siècle lui doit l'affranchissement de la rigidité à laquelle jusqu'au xviie siècle, inclusivement, nous étions condamnés.

Il faut toujours répéter que les Japonais sont les plus grands décorateurs du monde, pour les admirer à leur point de vue. Qu'ils dessinent et peignent de pratique, d'habileté, soit ! Mais leur mémoire visuelle d'après la nature est des plus profondes ; leur trait des plus incisifs dans le caractère (plutôt que dans le sentiment) typique, dans la tournure, dans l'observation du geste. Que les effets de la lumière contrastée ne les aient guère préoccupés, que leurs jeux de physionomie se répètent volontiers dans une formule cursive ; autant de griefs qui ne sauraient s'adresser à un art volontairement décoratif. Art décoratif logiquement dépouillé du souci des modelés, de cette ressemblance, souvent photographique, des visages ou des scènes où déborde fréquemment notre exécution poussée, des multiples lignes qui constituent, enfin, nos enveloppes, qu'ils concentrèrent en un type.

Chefs-d'œuvre à la fois chez nous et chez eux, dans une voie traditionnelle différente ; autant de monotonie, peut-être, de part et d'autre, selon les yeux occidentaux ou orientaux qui contemplent.

Le génie du dessinateur Hokusaï est une découverte — beaucoup de Japonais disent une illusion —

des Européens et des Américains, qui le mettent au

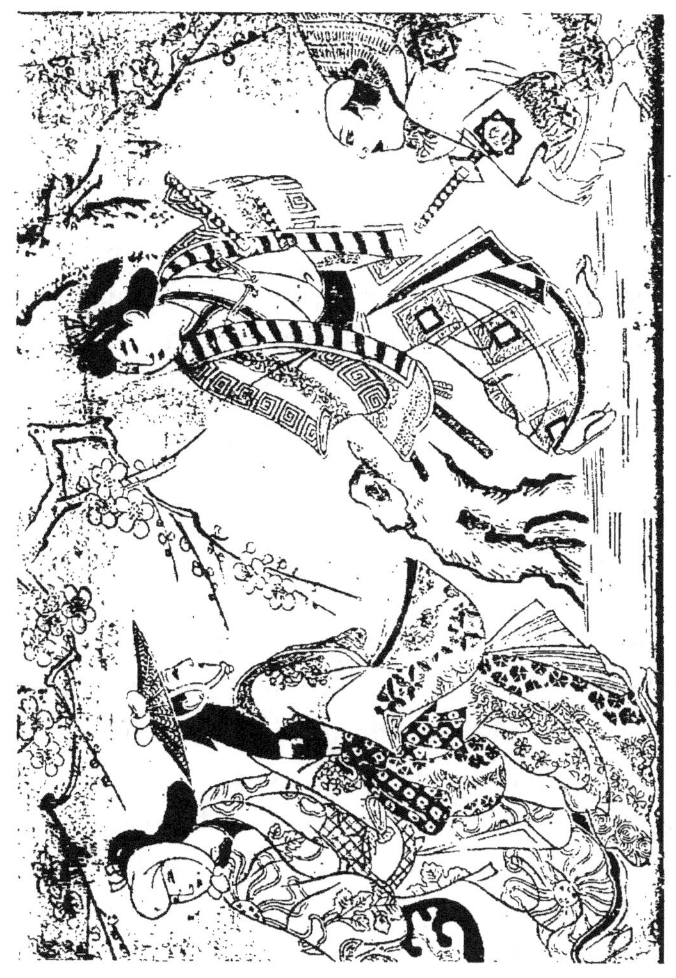

Fig. 36. SOUS LES POMMIERS EN FLEUR, par Moronobu.

Coll. H. Véver.

premier rang, pour l'étonnement de ses compatriotes, et M. Ch. Lalo, à qui nous empruntons cette remarque, infirme non moins le jugement d'un critique japonais qui parlerait de Raphaël, de Poussin ou de Gustave Moreau, dans l'ignorance complète du christianisme, de l'histoire grecque et romaine et de la mythologie.

Ce sont, en somme, les divergences de culture et de vision qui constituent les bases de l'originalité, en y ajoutant la diversité des mœurs et du costume. Or, le costume japonais traditionnel n'a pas peu contribué à la « monotonie » d'un art invétéré. Aussi bien ce costume est tout un programme décoratif, d'autant qu'il porte, en ses plis soyeux, des broderies empruntées au *kakemono*. Et ce sont à la fois les hommes et les femmes qui partagent cette robe de rêve (*kimono*) où des oiseaux et des fleurs chantent en toutes couleurs ravissantes !

Le dessin des Japonais, nous y reviendrons, est particulièrement une écriture. Ils peignent comme ils écrivent; leurs méthodes de dessin consistent en la répétition des modèles du passé, en la servitude d'un graphique immortalisé, une fois pour toutes, par le chef-d'œuvre d'hier. Mais encore ces copies n'ont-elles de valeur qu'au prix de l'habileté du coup de pinceau, et cela aboutit à la calligraphie.

« ... On sait, écrit Ary Renan, que l'amour du coup de pinceau hardiment lancé est poussé en Chine à ses dernières limites. La calligraphie y tient une place énorme dans les examens que les gens de qualité ont

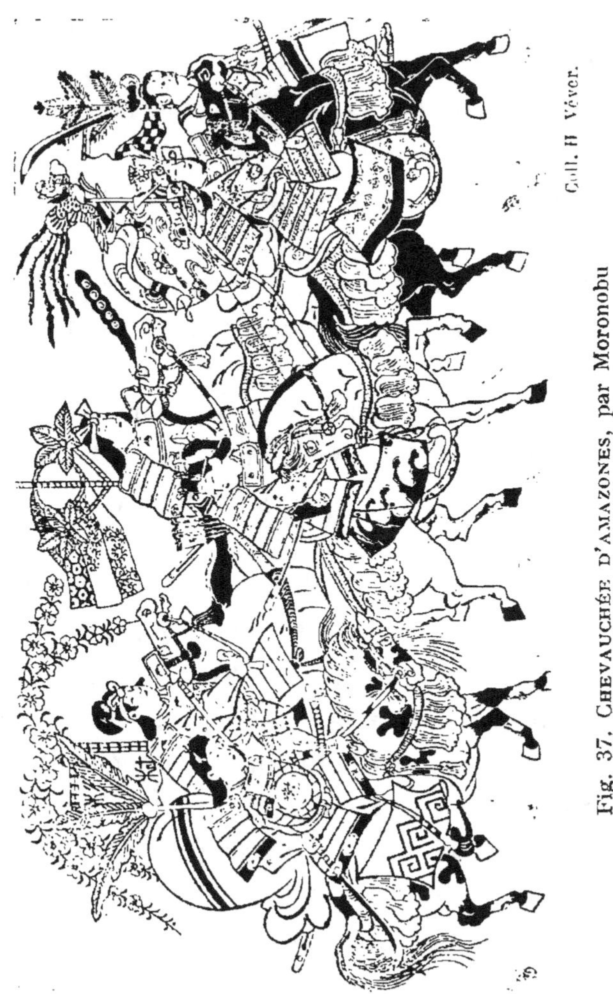

Fig. 37. Chevauchée d'amazones, par Moronobu

Coll. H Véver.

à subir. Une page d'écriture y est estimée autant

qu'un beau tableau, et, en fait, n'est pas autre chose ; une pièce de poésie y est goûtée aussi bien pour l'arrangement élégant des caractères qui la composent, que par la délicatesse du sens qu'ils figurent. Cette manière grasse, ondoyante, de lancer le coup de pinceau et d'y chercher une beauté intrinsèque, n'est donc pas d'origine japonaise. Mais elle est devenue, par une rapide acclimatation, une manière nationale au Japon. Elle a passionné ces dilettanti. Ils s'y sont appliqués pour leur propre compte, sans imitation servile, comme on s'assimile une invention ».

D'où cette « calligraphie » somptueuse, éloignée de la variété, de l'irrégularité de notre « belle écriture » européenne, plutôt la synthèse définitive d'un génie spécial.

Car toute une poésie plane sur cette facture uniforme, toute une malice d'observation aiguë ; toute une volonté de parure dont l'irréalité étonnamment vraisemblable confine à l'art le plus élevé. Qu'il s'agisse de fleurs ou d'animaux, de personnages ou de paysages, c'est le charme poursuivi, l'esprit accumulé et la trouvaille expressive en trois coups de pinceau.

Une vague, pour un Japonais, c'est une dentelle d'écume (fig. 79), un ciel : une traînée de nacre, une tortue : un petit bronze, une fleur : un prétexte à points de soie. L'artiste nippon objective aussitôt la matière propre à chaque modèle, et, la verve du

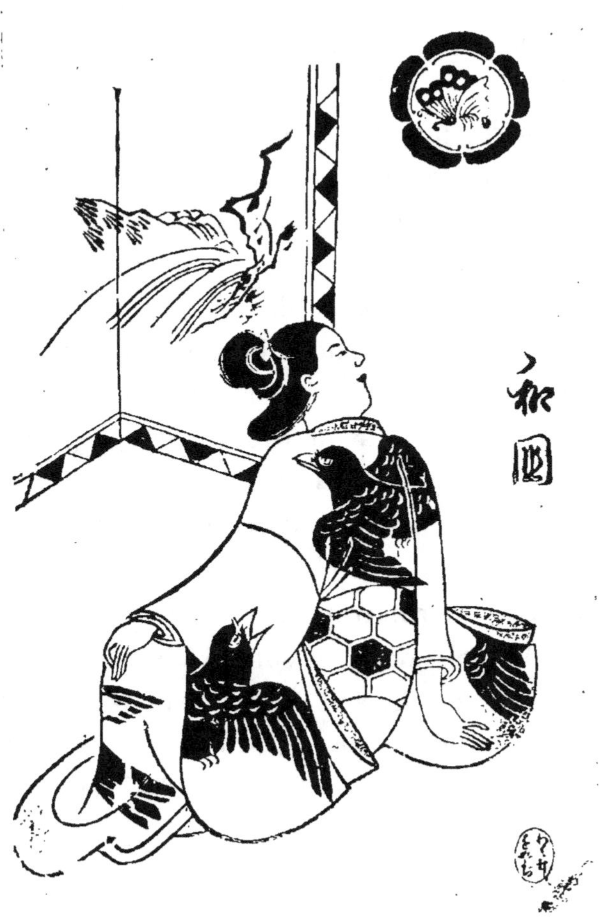

Coll. H. Vever.

Fig. 38. Étude (école de Moronobu).

trait enlevé au bout du pinceau preste, sertit une

silhouette-type destinée à un éventail ou à un para-vent, au décor d'un pot ou d'une garde de sabre, suivant chaque suggestion d'appropriation.

Nous aborderons maintenant le côté matériel de notre objet.

Le peintre japonais exécute le *kakemono* (ou tableau) avec un pinceau mouillé d'encre de Chine qu'il manœuvre presque verticalement. Ses couleurs sont préparées à l'eau légèrement additionnée de colle de riz; elles reposent dans des godets.

Le *kakemono* comprend à la fois des peintures sur soie ou sur papier. Nous le verrons suspendu dans les appartements à la façon des cartes géographiques scolaires. Les peintures constituant le *kakemono* figurent élégamment encadrées de bandes d'étoffes, unies ou brochées, montées sur une feuille de papier assez robuste permettant son enroulement sur un cylindre de bois orné, à son extrémité, de motifs d'ivoire ou de corne, soit simplement laqué. Le plus souvent, le luxe de présentation du *kakemono* est adéquat à la beauté ou à la rareté de l'œuvre peinte qu'il compose. Dans ce dernier cas, de riches étuis l'abritent.

Les peintres japonais, à travers les temps les plus reculés, se sont énoncés dans la miniature à la gouache, dans des grisailles, en blanc et noir; l'or à la feuille intervenant dans la couleur, ou la poudre d'or mêlée à l'encre de Chine parfois, et surtout à

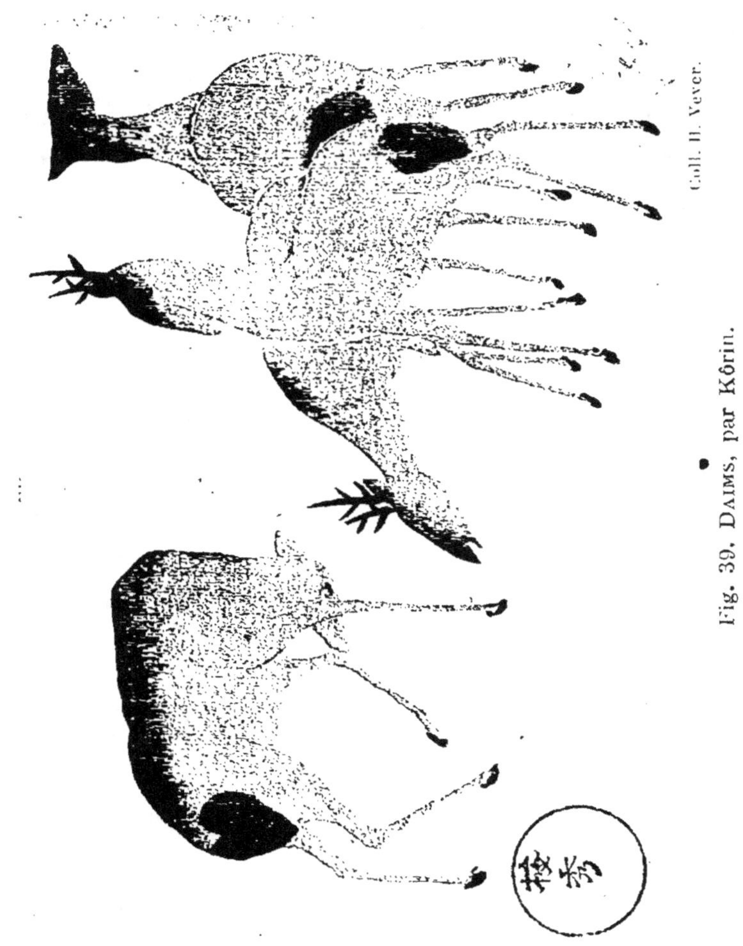

Fig. 39. DAIMS, par Kôrin.

l'aquarelle, mais on ne trouve point traces de peinture à l'huile dans leur art.

C'est de l'école de Kano, formée par Meïtshio, aux xive et xve siècles, que date l'expression la plus frappante du peintre japonais; celle du moins qui nous est parvenue avec les témoignages les plus nombreux dans l'ordre le plus typique. C'est-à-dire cette manière vigoureuse et nette, où le **trait** de pinceau, trempé dans l'encre de Chine, **gras** ou délié, appuyé ou fugitif, à peine effleuré, souvent interrompu, exprime les caprices alternatifs de l'ombre et de la lumière, les modelés en un mot.

Ce trait qui porterait en soi la couleur, si l'artiste ne jugeait nécessaire d'enluminer l'intérieur de ses contours et de viser aux suffrages de la peinture. Ce trait décisif et inexorable, en ce sens que l'encre de Chine à qui on le doit, ne pouvant être effacée, interdit les « repentirs », ordonnant ainsi une dextérité objective, la volonté d'un premier jet difficultueux et essentiel à acquérir.

Cette manière bannissant l'ombre portée, le clair-obscur et toutes autres pratiques subtiles de notre art européen, auxquelles l'artiste japonais ne s'arrête point, au bénéfice de sa formule lapidaire, de sa féerie originale, de son style. Cette manière enfin, qui, décidément, brusqua l'exemple chinois et qui — insistons sur ce point — se complaît à un équilibre dans la composition, très éloigné du nôtre.

Ici développerons-nous, néanmoins, une constatation précédente relative à l'infériorité traductive de

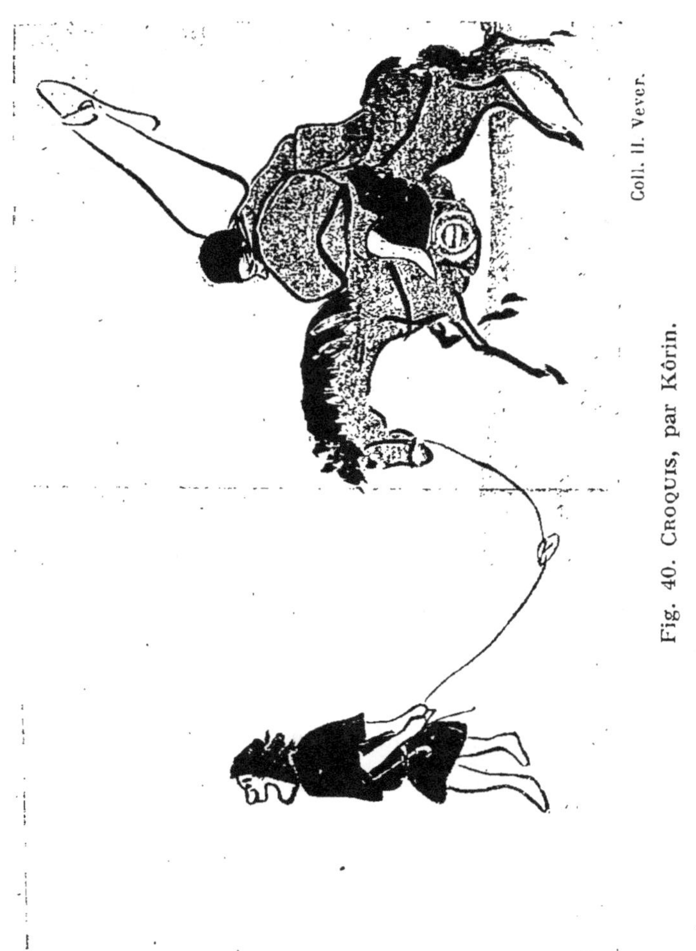

Fig. 40. CROQUIS, par Kôrin.

Coll. H. Vever.

la figure humaine, chez les Japonais, vis-à-vis de la
flore et de la faune plus parfaitement rendues. En

écartant de prime abord la cause religieuse, l'excuse
décorative et celle de l'impersonnalité plus favorable
à l'expression imaginative de ces deux derniers éléments, nous sommes contraint de nous ranger à l'avis
de M. Louis Aubert écrivant : « Esquissent-ils (les
Japonais) la figure humaine, ils se contentent d'évo-
quer un type; s'agit-il d'un animal, il semble qu'ils
portraiturent un individu, telle carpe, tel oiseau de
proie. » Mais combien ce type d'après l'être humain
évoque savoureusement, pour sa *volonté* décorative
sans doute, la cristallisation similaire, en matière
de figures, de l'Égypte, de la Perse, de l'Inde, de
l'Assyrie; leur canon !

Les Japonais auraient imité la plastique vraie des
Grecs qu'ils n'eussent point manifesté leur propre
génie japonais. Et puis, certain respect ou quelque
dédain instinctif de l'humanité prosaïque n'expli-
querait-il point, dans une certaine mesure, leur goût
comme leur observation aiguë, patiente et poétique,
portés de préférence vers l'animal énigmatique et
vers la fleur muette? Les paysagistes japonais sont des
traducteurs fidèles, mais ils aperçoivent aussi la
nature synthétiquement; ils en déterminent le type
décoratif avec plus de variété peut-être que la
figure humaine, mais toujours le paysage japonais
vit-il un rêve décoratif.

En fait, le réalisme japonais exprimé par l'école

vulgaire, est d'importation européenne. C'est notre art qui a impressionné la liberté de pinceau d'un Hokusaï, liberté dont les Nippons se sont d'abord effarouchés et qu'ils ont classée originairement dans l'imagerie populaire.

Citons maintenant parmi leurs motifs végétaux préférés : le cerisier, le pêcher, le prunier et l'érable en fleur, le bambou, le lotus (nélumbo), le nénuphar, le chrysanthème, le camélia, le magnolia, l'iris, la glycine, le cèdre, le pin.

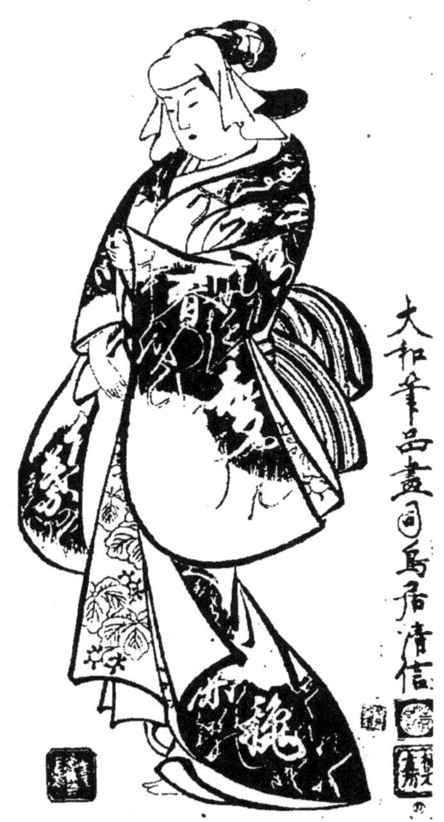

Coll. H. Véver.
Fig. 41. Étude (école de Kiyonobu).

Quant à leur inspiration animale, elle magnifie la moindre bestiole dans une exécution précieuse et rare. Nos gravures, enfin, remédieront à l'indigence des mots en évoquant supérieurement cet art pénétrant et fin, trésor d'irrégularité et d'imagination capricieuse, de gaieté et d'idéal, qui, avec une profusion étourdissante, du *kakemono* gagnera l'estampe dont nous allons dire deux mots maintenant.

Les origines de l'estampe ne remontent guère qu'au xvie siècle. Auparavant elle constituait des représentations grossières du culte bouddhique et autres sanctuaires locaux. Elle ne fut révélée à l'étranger qu'il y a une soixantaine d'années, époque où le japonisme s'évertua éloquemment en France, sous la plume enthousiaste de Louis Gonse, de Ch. Burty, de S. Bing, de Goncourt.

Mais nous apprécierons qu'après la gloire des Kano, des Torii, un Yasunobu osa, des premiers, la rupture avec ce rite d'immobilité dont l'Orient et l'Extrême-Orient se sont fait une prédilection esthétique. Ce fut l'aurore de cette école dite *populaire* ou *vulgaire* qu'un Matabei, qu'un Moronobu, qu'un Hokusaï, devaient sacrer, qu'ils se sont attachés à stabiliser dans une synthèse au nom de ce mouvement si séduisant pour notre goût, de ce mouvement qui déplace les lignes et que les Japonais ont en horreur. D'où le désaccord d'admiration antérieurement noté entre deux mentalités différentes.

D'ailleurs, la révélation de l'école *populaire* ou

vulgaire, par le canal de la Hollande d'où pullula, en Europe, sa manifestation, justifie dans certaine mesure et pour une autre cause — l'intensité d'une production susceptible de nuire à sa qualité — la comparaison que l'on ne manqua pas d'établir avec notre imagerie d'Épinal.

Néanmoins, ce fut la qualité qui l'emporta, à nos yeux enthousiastes, pour une soi-disant expression inférieure, parce que réaliste à l'européenne.

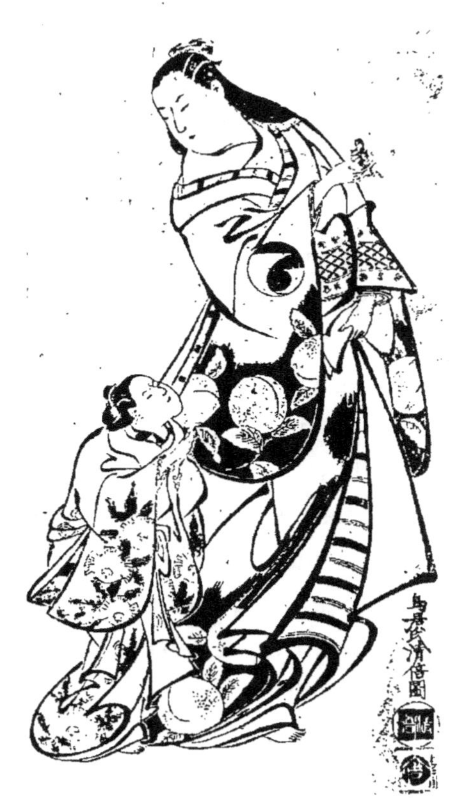

Coll. H. Vever.

Fig. 42. ÉTUDE, par Kiyomasu.

Nous reprendrons maintenant l'artiste japonais à sa tâche de peintre, car c'est au pinceau, toujours, qu'il sacrifie à l'estampe, en utilisant les mêmes couleurs et l'identique moyen de les diluer.

Après exécution du dessin sur un papier mince, on le collait sur un bois de buis ou de cerisier scié dans le sens du fil ou des fibres, contrairement au fil *debout* que nous employons en Europe.

Intervenait alors le graveur qui, à l'aide d'un canif, champlevait le dessin, c'est-à-dire mettait en relief le trait en le dégageant de la matière, et il ne restait plus qu'à fouler le cliché avec la main ou à frotter avec un instrument arrondi, pour que le trait se reporte, en noir, sur le papier. Un papier assez résistant, en fine paille de riz. Après quoi, l'artiste enluminait son œuvre. C'est ainsi, du moins, que l'on pratiquait la gravure en couleurs au XVIIe siècle, et, dès le début du XVIIIe siècle on pratiqua l'impression en couleurs à deux ou trois tons, qui devait triompher à la fin du XVIIIe siècle, avec les Torii, les Harunobu, les Utamaro.

Au *kakemono* s'oppose ici le *makimono*, dont le rouleau, moins volumineux, se déploie à la main dans le sens de la largeur. Le *makimono* est l'ancêtre du livre japonais, alors que le *surimono* représente dans un très petit format carré, l'estampe luxueusement tirée en un grand nombre de couleurs, avec rehauts et d'or d'argent.

A côté de l'estampe proprement dite, en albums,

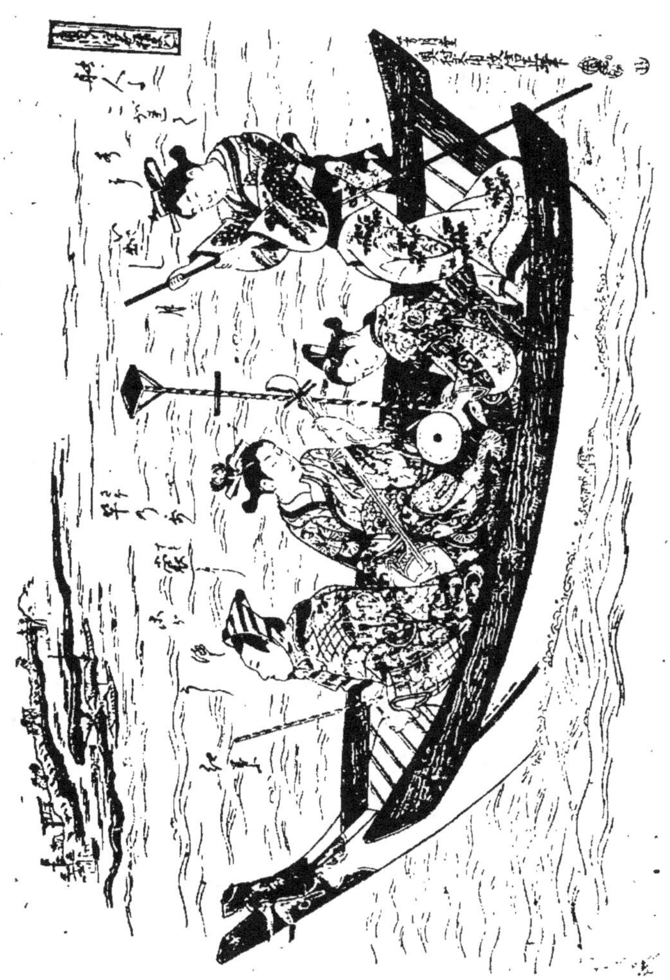

Fig. 43. BARCAROLLE, par Okumara Masanobu.

Coll. H. Vever.

voici l'image imprimée sur une feuille volante,
papier de soie ou crépon.

Le papier du Japon, fabriqué avec l'écorce de divers arbrisseaux et passé à la forme, offre quelque analogie avec le papier de Chine. Il constitue, comme ce dernier, une matière de choix dont la teinte ivoire, jointe au lustre et à la souplesse, s'accorde en beauté et authenticité avec les estampes en couleur du passé.

Comment enfin ne point énumérer, au chapitre de l'estampe japonaise, les décorations merveilleusement coloriées qui, du *kakemono* se répandirent joyeusement sur les paravents, s'accrochèrent aux lanternes et palpitèrent sur les éventails et écrans comme sur les ombrelles !

Ces paravents, au déploiement ingénieusement dérivé du *makimono* amplifié; ces lanternes aux formes aussi élégantes qu'ingénieusement variées; ces éventails et écrans inséparables, pour la fraîcheur de leur bois naturel, de la frêle *yashiki*; ces ombrelles semblant de larges fleurs que la mode européenne adopta si volontiers en transposant dans une armature métallique la carcasse en bois du modèle, aux rayons moins cintrés et plus nombreux, à la forme plus aplatie.

Tous ces chefs-d'œuvre de goût, de légèreté et d'esprit, exécutés sur papier (nous parlons plus loin des paravents en étoffe brodée) et délicieusement montés sur bois. Quant aux sujets qui passent et repassent dans notre vision charmée, ils peuvent se

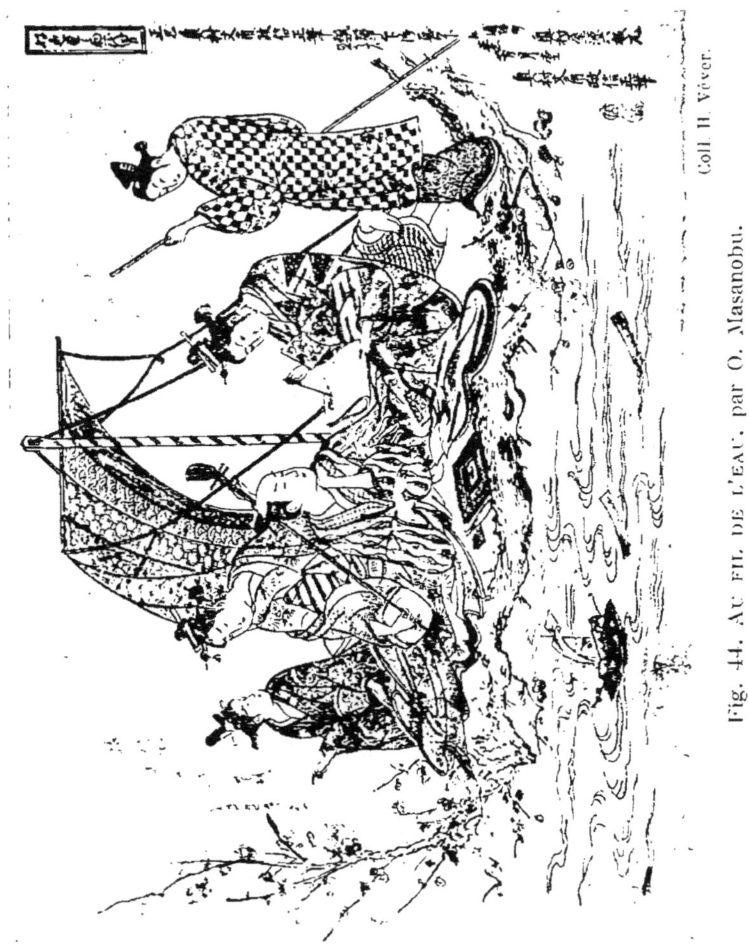

Fig. 44. Au fil de l'eau, par O. Masanobu.

Coll. H. Véver.

résumer en cette énumération, par Ary Renan, des
Rapides esquisses (« Mangua », série fameuse due au

pinceau du maître Hokusaï) où tout n'est que « figurations monstrueuses, divinités grimaçantes; scènes humaines, joyeuses et violentes; types d'artisans, de mimes, d'équilibristes, de mendiants, de baigneurs, de voyageurs; études de mammifères, d'oiseaux, d'insectes, de poissons, de fleurs; vues de montagnes et marines; renseignements sur les arbres et les herbes; constructions et paysages; dragons et reptiles; solitaires opérant des miracles; scènes de métiers; luttes intenses; physionomies étudiées sur des masques; ustensiles vulgaires; effets de neige; dessins de nuages; bêtes rares; un pandémonium étrange enfin, sans hiérarchie, sans choix... » Après cette rapide exposition de la Peinture et de l'Estampe japonaises, nous reviendrons, chronologiquement, sur les maîtres caractéristiques en ces arts, non sans avoir auparavant noté qu'au Japon le rôle du graveur est anonyme et subordonné à celui du peintre, et que si ce dernier exerce un contrôle sévère sur la traduction de son œuvre, il ne s'intitule jamais peintre-graveur. On ne peut d'ailleurs que se féliciter de cette surveillance exercée par le créateur sur l'interprète, qui, de la sorte, ne se vit point trahi. L'imprimeur japonais, d'ailleurs, s'avéra un collaborateur précieux de l'artiste nippon; il lui assura un tirage soigné hors lequel la planche la mieux gravée ne saurait valoir.

Dans la seconde moitié du IXe siècle et au début du Xe : Kosé Kanaoka s'affirme le plus célèbre peintre de l'école bouddhique, issue des formes hiératiques indoues et chinoises du VIe siècle. Ahimi et Kintada, fils de Kanaoka — qui fut aussi poète — poursuivirent sa manière, ainsi que son petit-fils : Kosé Hirotaka (987-1012).

Au XIe siècle : Motomitsu, fondateur de l'école de Kasuga ; au XIIe siècle : Toba Sojo (dont les géniales caricatures rappellent le genre de notre Grandville

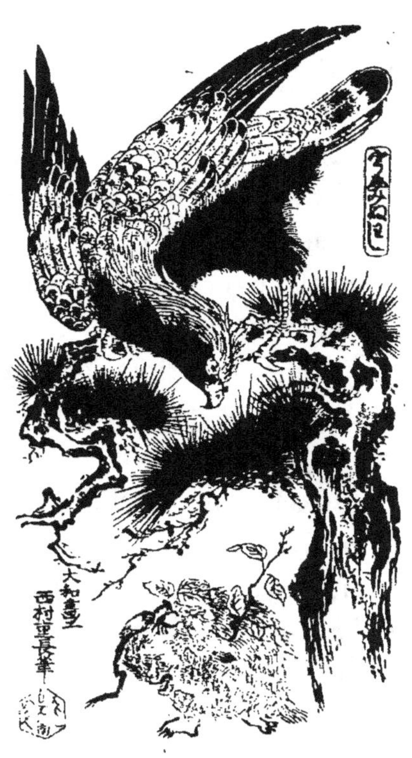

Coll. H. Véver.

Fig. 45. OISEAU DE PROIE ET SINGE, par Shighenaga.

lorsqu'il adapta les animaux à la physionomie et à des scènes humaines), Genkéi, Tamehissa ; au XIIIe siècle : Tsunetaka, fondateur de l'école de

Tosa, dite aussi de Yamato, plutôt portraitiste, où brillent Mitsunobu (entre le xvᵉ et le xvɪᵉ siècle) et Mitsushige (au xvɪᵉ siècle).

Aux xɪvᵉ et xvᵉ siècles : Meïtshio (1351-1427), innovateur du propre style japonais primitif, en rupture avec le genre archaïque (abandonnant la miniature, l'effet de la peinture terne à la gouache ou en détrempe caractéristique de l'art analytique et précieux de Tosa), qui relève du coup de pinceau habile et nuancé. Jyosetsu fut le plus célèbre adepte de Meïtshio, considéré comme le véritable créateur de l'école synthétique de Kano. Élève de Meïtshio, Shiubun n'est pas moins réputé que son maître, avec Ogouri Sôtan (qui produisait encore vers 1450) et Jasokou ; sans oublier Kano Masanobu, le premier de la dynastie des Kano dont l'école de peinture, plutôt paysagiste, s'illustrera dans sa forme académique basée sur la tradition chinoise et bouddhique, au xvɪᵉ siècle.

« Par son origine et ses attaches futures, observe justement Louis Gonse, l'école de Kano peut être considérée comme l'école officielle des Shyoguns, par opposition à celle de Tosa qui est l'école officielle des Mikados. »

Autres maîtres du xvᵉ siècle à nos jours : Sesshyu (1414-1506), de l'école des Kano ; Kano Masanobu ; Kano Motonobu (1475-1559), le plus célèbre du nom ;

Moronobu dit Tanyu, de l'école des Kano, encore,
mais au XVIIe siècle; Soga Chyokuan et son fils Ni

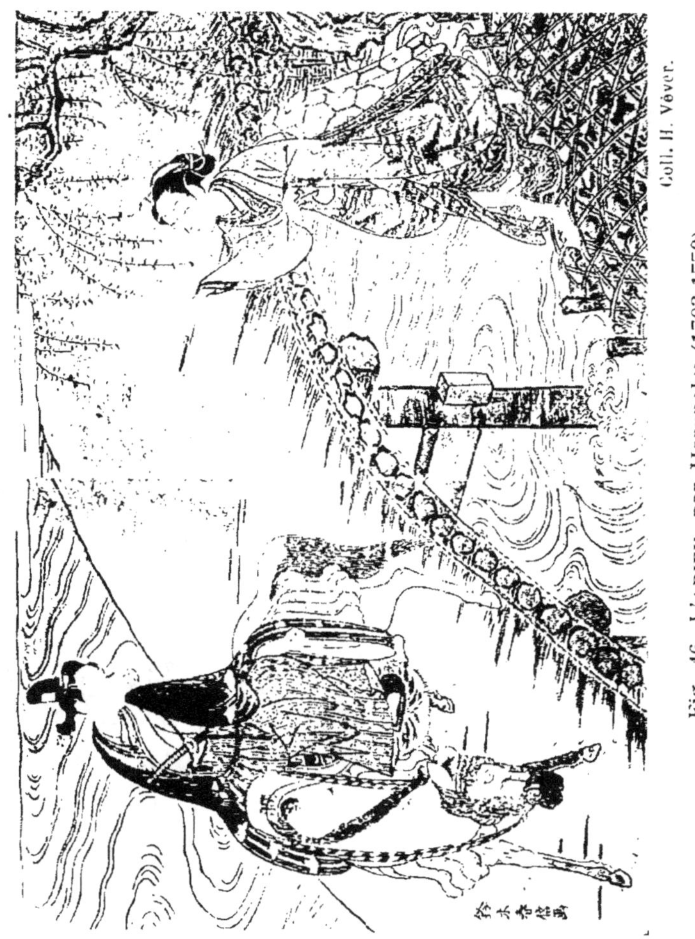

Fig. 46. L'ADIEU, par Harunobu (1703-1770).

Coll. H. Vèver.

(personnifiant, au XVIe siècle, l'école de Soga appa-
rentée à celle des Kano).

Moronobu, Naonobu, Yasounobu, sont les plus distingués représentants de la peinture japonaise au xviie siècle, époque où Iousa Matabei (1628-1643) fonda l'école *vulgaire* ou *populaire* qui fit échec à l'art noble prosterné devant des sujets réservés au goût de l'aristocratie conservatrice des traditions chinoises (1). De l'école vulgaire émanera le génie émancipé d'un Hokusaï.

Matabei personnifie — et Hokusaï à sa suite — l'art japonais libéré dans l'expression de la vie courante et des sujets réels, en opposition avec l'école académique des Kano; l'originalité, en somme (malgré que les Japonais gardent leurs préférences pour l'art bouddhique du viie au xive siècle), démontrée par tous les maîtres de l'école dite de l'Ukiyoyé, dont se réclament encore les Hishikava Moronobu [fig. 36 et 37] (1620, mort avant 1700), élève de Matabei (qui établit l'école moderne d'Outagawa,) Shyunshyô (1726-1792) et Utamaro. Dans la seconde moitié du xviie siècle et au début du xviiie siècle, un grand nom se détache : celui de Kôrin (1660-1716) [fig. 39 et 40], chef de l'école de peinture « impressionniste » et laqueur émérite. Le frère de Kôrin, Kenzan, est,

---

1. Les Japonais nourrissent à l'égard de la Chine, d'où est issu leur art, l'admiration que les Européens vouent à la Grèce, terre des arts classiques.

après Ninseï, le plus grand céramiste, du Japon.

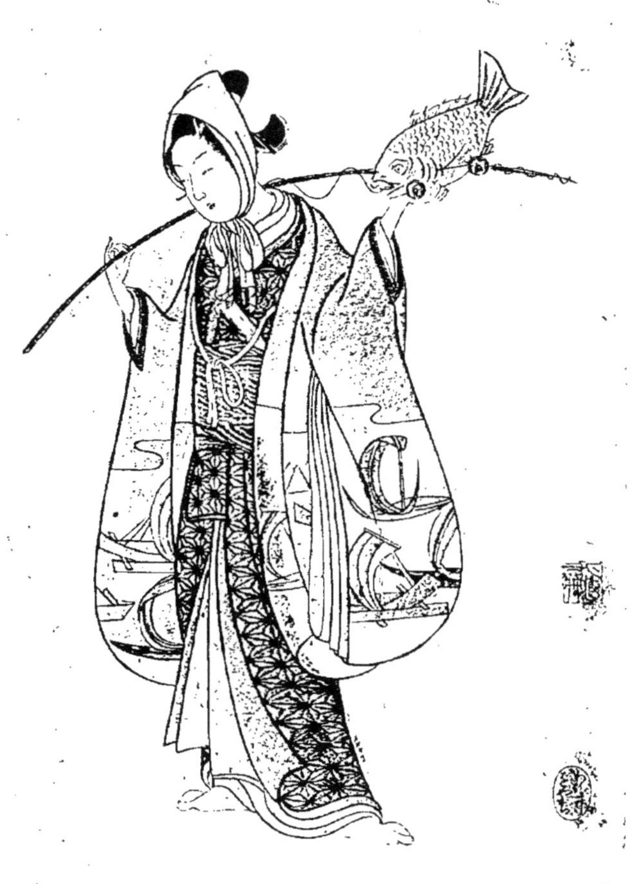

Coll. H. Véver.

Fig. 47. RETOUR DE PÊCHE, par Harunobu.

Le XVIIIᵉ siècle nous donne, notamment, les noms

de Kiyomasu (1679-1763) [fig. 42], de Okumara
Masanobu (1690-1768) [fig. 43 et 44], de Shighenaga
(1696?-1756) [fig. 45], de Harunobu (1703-1770)
[fig. 46 à 49], de Toyonobu (1711-1785) [fig. 50, 51,
52 et 53], de Kyohiro (1708-1766) [fig. 54, 55 et 56],
de Koriusaï (1760-1780) [fig. 57 à 60], de Kiyomitsu (1735-1785) [fig. 61], de Bunchyô († 1796)
[fig. 62 et 63], de Hiyotsuné (fig. 64), de Marayuma
Okyo (1732-1795), fondateur de l'école d'Okyo, et
de Sosen (fig. 65), son élève distingué, dit le peintre
des singes (1747-1841), qui apparaît entre le xviiie
et le xixe siècle. Un autre excellent élève d'Okyo
est Goshin, et Yosaï, qui produisit jusque dans la
seconde moitié du xixe siècle, résistant aux ten-
dances de l'art vulgaire, relève non moins de l'école
d'Okyo.

Après Matabei et Hishikava Moronobu, dans cette
école *vulgaire*-particulièrement brillante à partir de
la fin du xviiie siècle, et avant d'aboutir à l'excellence
de Hokusaï, indiquons notamment les personnalités
distinguées de Kiyonaga (1752-1815) [fig. 66], de
Torii Kiyonobu, de Kwaighetsudo (vers 1707-1744)
[fig. 67, 68 et 69], de Hishikava Sukenobu, de
Toyoharu, de Teisaï, de Shyaraku (fig. 70 et 71),
de Shyunshyô (fig. 72, 73 et 74) et surtout de
Utamaro Kitagara, ce dernier artiste fameux
en Europe pour la grâce et la distinction avec

lesquelles il représenta la vie des femmes de Yédo.

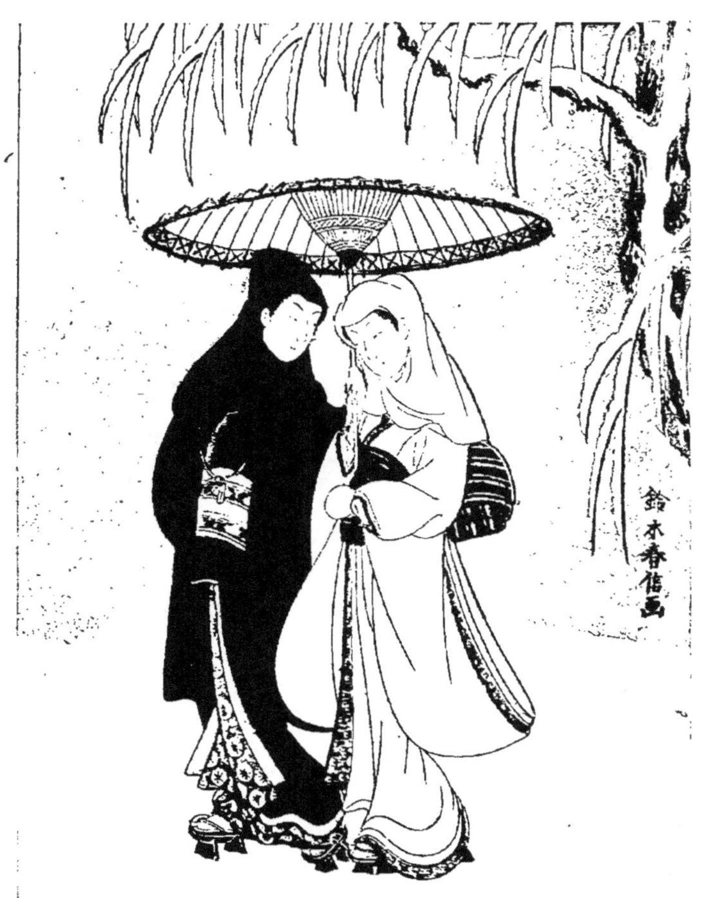

Coll. H. Vever.

Fig. 48. IDYLLE SOUS LA NEIGE, par Suzuki Harunobu.

Utamaro (fig. 75 à 78), né à Yédo, en 1754, mort en 1806, est avec Hokusaï l'un des maîtres les plus réputés de l'école *vulgaire*, pourtant Hokusaï l'a encore surpassé par l'ampleur et la fécondité de son génie encyclopédique.

Du grotesque au pathétique, de l'observation sentimentale au réalisme le plus farouche (d'importation européenne, ne l'oublions pas), en tous genres d'expression, Hokusaï (né en 1769, dans le cercle de Honjo, au N. de Yédo, où il mourut en 1849) a atteint au summum de la fantaisie originale et spirituelle (fig. 79 à 83). Ses albums, ses illustrations de romans, d'histoire, de poésie, ses estampes originales en couleurs, etc., continuent à personnifier, en Europe, le style du Japon dans son éloquence la plus éclatante.

Le nom du paysagiste Hiroshighé (1797-1858) [fig. 84 à 86] clôt avec ceux, entre autres, de Shyunyei (1762-1819) [fig. 87], de Eishi (mort en 1829) [fig. 88 à 90], de Kuniyoshi [fig. 91] (1790-1860), de Kunisada [fig. 92] (1787-1865), le chapitre qui nous intéresse. Néanmoins, l'art japonais, qui abdiqua sa précieuse originalité dans l'imitation — en puisant désormais dans son trésor — après la révolution de 1868, conserve, de ses chefs-d'œuvre les plus glorieux, un souvenir unanimement troublant comme le nom même de ces délicieux maîtres nippons, à euphonie musicale. Il s'ensuit que l'on ne respire bientôt plus, en regardant ces *kakemono*, en feuilletant ces albums, qu'un parfum unique

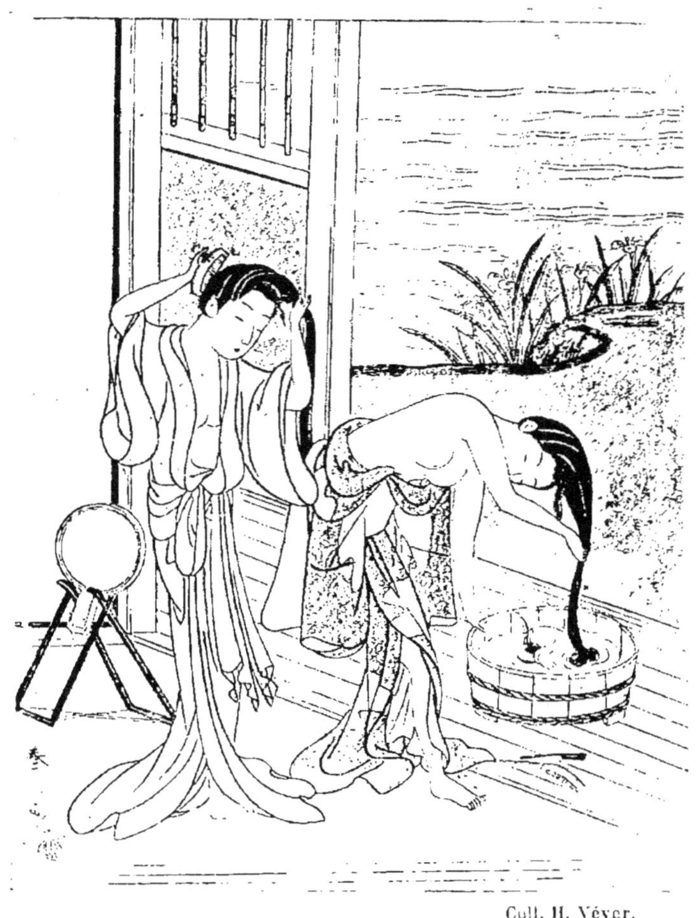

Coll. H. Vever.

Fig. 49. LA TOILETTE, par Suzuki Harunobu.

émanant d'une volonté décorative, d'une exécution à nos yeux similaires. Le choix, ainsi, parmi

tant de grâce, apparaît aussi inutile que malaisé.

La contradiction fréquente des textes européens, d'ailleurs, achève de nous rallier à la pure admiration des images. Et encore cette admiration diffère-t-elle de l'homme blanc à l'homme jaune, dans l'orchestre chronologique même, souvent discordant — en langue française — de tous ces noms d'orthographe difficile ou analogues au regard de notre alphabet.

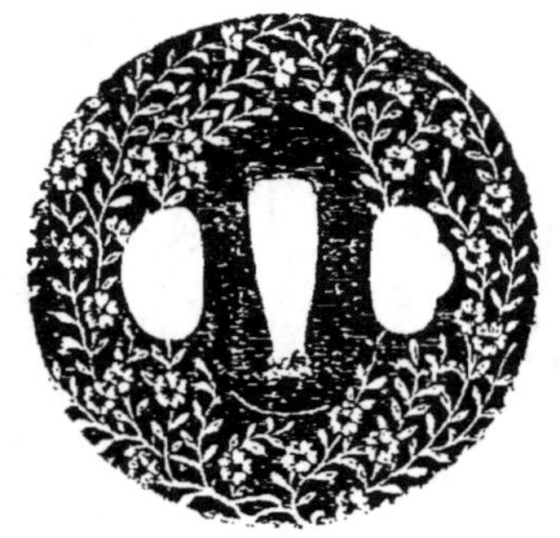

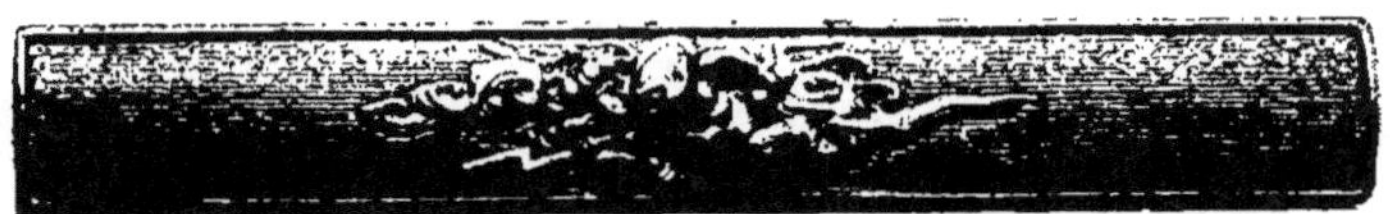

CHAPITRE IV

La Sculpture et le Bronze ; les Masques, etc.

Ce qui frappe essentiellement, dans l'art statuaire de l'Orient, c'est ce goût pour l'immobilité, pour la masse dormante des personnages qu'animent seuls les sentiments intérieurs. Un sourire, des yeux clos, un regard voilé, une attitude, une intention du masque, en disent davantage à nos sens qu'un geste développé. De même qu'un livre doit laisser à penser au lecteur, il semble qu'un mouvement ait davantage de prix si nous l'achevons en esprit, car l'intention étant réputée pour le fait, notre imagination s'excite davantage sur ce qui lui est dérobé.

Les fantômes de la nuit se dissipent à la lumière ; un édifice élevé exalte le regard d'abord d'immensité, de même que le mutisme illusionne parfois d'éloquence.

Mais ici, pour nous en tenir à la statuaire japonaise — vouée surtout à la fonte — l'éloquence ne fait point de doute; toujours, cependant, figée en cette même irréalité somptueuse où communient ses moindres réalisations plastiques invariablement soudées à l'idée architecturale dans la sobriété des lignes calmes. La statuaire japonaise, issue du bouddhisme, s'est exprimée gigantesque, et, comme telle, à l'exemple du sphinx égyptien, elle a plutôt frappé de stupeur l'imagination et l'esprit religieux qu'ému plastiquement. Des statues, mais point de morceau statuaire dans cet art où la dimension colossale nuit certainement à l'intensité d'expression, où l'horreur du mouvement n'atteint qu'à une contemplation de sentiments immatériels. C'est moins de la forme que du symbole qu'elles se réclament ces effigies de dieux ou de héros; elles représentent la sérénité et la majesté, vivant de la lumière éternelle davantage que de celle des hommes, chantant intérieurement la figuration humaine idéalisée ou divinisée perceptible plutôt aux yeux d'une seule race.

On a prétendu, d'autre part, non sans raison, que dans la statuaire gigantesque de l'Extrême-Orient, l'emploi de la matière en grande quantité résolvait surtout le problème d'une difficulté. Et ce geste victorieux répond encore à l'idée religieuse par le sacrifice qu'il suppose.

C'est l'histoire de la fameuse tour de porcelaine

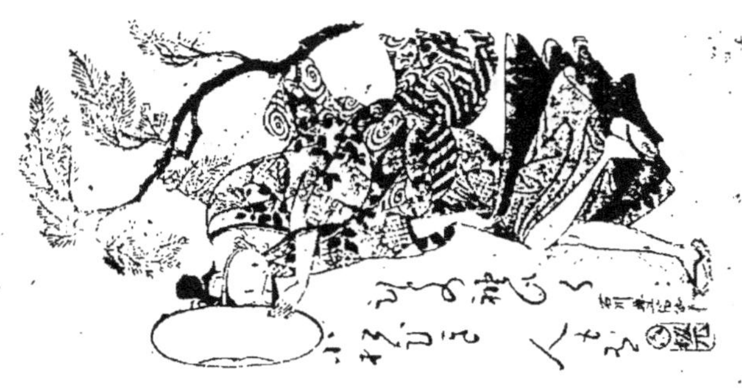

Coll. H. Véver.
Fig. 52.
LE COUP DE VENT (fin),
par Toyonobu.

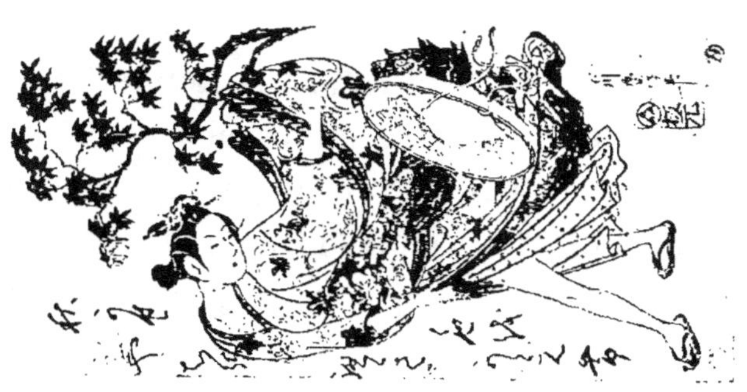

Coll. H. Véver.
Fig. 51.
[LE COUP DE VENT (suite),
par Toyonobu.

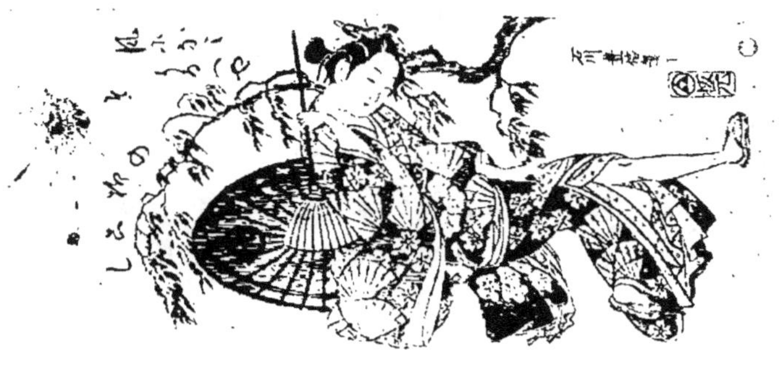

Coll. H. Véver.
Fig. 50.
LE COUP DE VENT,
par Toyonobu.

chinoise autrefois située près de Nankin, et dont les neuf étages étaient décorés d'un revêtement uniquement composé de pièces de porcelaine. Dédié aux *esprits*, ce monument s'enorgueillissait, en plus de son architecture osée, d'une matière délicate à prodiguer.

Combien de personnes, de nos jours, n'accordent leur admiration à l'obélisque de Louqsor que parce qu'on n'érigea ce monolithe sur notre place de la Concorde qu'au prix des efforts les plus laborieux !

Si, donc, le Japon s'est souvent laissé emporter dans le colossal lorsqu'il sacrifia à la divinité, nous savourerons davantage son génie original dans l'intimité, dans ses statuettes, bronzes, sculptures sur bois plutôt menues et tous bibelots. La personnalité illustre de Hidari Zingoro nous en administrera plus loin la preuve magistrale.

Pour nous en tenir à la statuaire, bien que celle-ci ait utilisé particulièrement le bronze, on cite aussi des œuvres remarquables taillées dans la pierre et le bois, mais exceptionnellement et aux âges les plus éloignés.

Plutôt des bois polychromes, cependant, car les perféctionnements de la technique du métal ou de la pierre sont solidaires du progrès de l'outillage, et la plastique monochrome s'adresse à une civilisation moins primitive. Point de marbres.

Le grand Bouddha en bronze *(Daibutsu)* fondu à
Sitaraki (province
d'Oumi) et assis
dans le temple de
Nara (fig. 93) s'im-
pose à notre atten-
tion, tout d'abord
en raison de sa
hauteur (26 mètres
sans le piédestal)
et de son poids
(450.000 kilogr. en-
viron). La fonte de
cette œuvre colos-
sale remonterait à
l'an 739 de notre
ère. D'un caractère
saisissant et d'une
technique de ma-
tière magistrale, ce
Bouddha (dont on
ne saurait qu'im-
parfaitement juger
d'après l'image

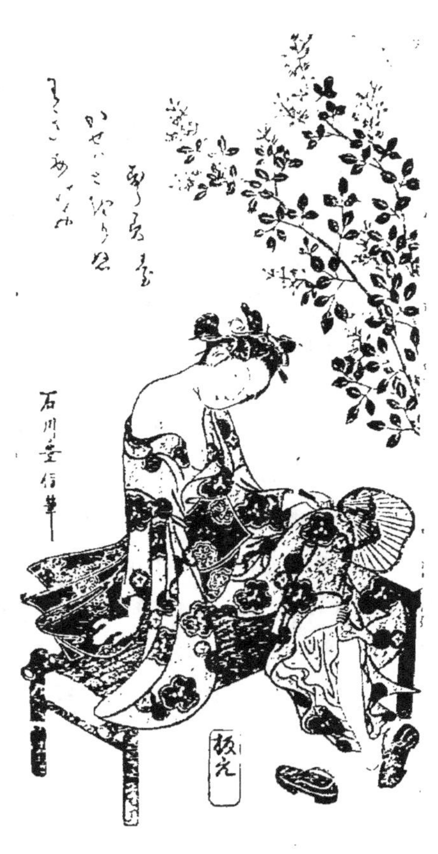

Coll. H. Véver.

Fig. 53. SUR LE BANC AU FRAIS,
par Ishikawa Toyonobu.

naïve que nous en donnons, empruntée néanmoins
à un document japonais authentique) représente,
au milieu du VIIIe siècle, le modèle par excel-

ɉence de l'art (1) qui nous occupe. Et, comme l'art japonais n'a pour ainsi dire pas évolué, ayant sereinement somnolé sur son génie·à la fois initial et définitif, nous pourrions, de par ce Bouddha, goûter la formule décorativement impassible des autres, à travers les siècles successifs.

Pourtant s'accorde-t-on à distinguer, au xviie siècle, l'époque la plus florissante de la sculpture, alors qu'à partir du xiie siècle on constate sa décadence. Ces nuances, en somme, ne s'accusent guère dans notre vision occidentale; notre admiration étant depuis longtemps fixée sur un type profondément original, d'une plastique cérébralement merveilleuse qui ne saurait s'améliorer selon le rite naturel, dans la voie des Grecs que nous avons suivis, alors que les Japonais sont demeurés fascinés par l'hiératisme du style indien.

Ce qui demeure évident, c'est l'effet harmonieux de la sculpture japonaise en son cadre, qu'il s'agisse encore des grands Bouddhas de la collection Cernuschi (xviiie siècle), de celui d'Hyogo (fin du xixe siècle), ou des spécimens des viiie et ixe siècles, en passant par le Daibutsu (le dieu Amida ou Bouddha lui-même), du temple de Kamakura (fig. 94),

(1) Refaite au xvie siècle, la tête de ce *Daibutsu* est d'une qualité artistique très inférieure à celle du grand Bouddha de Kamakura.

chef-d'œuvre d'une dimension et d'une beauté similaires à celles du colosse de Nara, fondu au milieu du XIIIe siècle, sous le règne du dernier descendant des Minamoto : Yoritomo.

Cependant, c'est avec Hidari Zingoro (1584-1634), l'illustre architecte et sculpteur du grand temple de Nikkô (XVIIe siècle) que la statuaire ira rejoindre dans notre admiration l'estampe japonaise, verveuse et joyeuse. Tout l'esprit du ciseau nippon correspond à ces croquis ingénieux où, sans emphase, la fantaisie s'exalte éperdument dans la Nature et dans le Rêve. Aussi bien, ce n'est point le colossal qui sollicite la sculpture

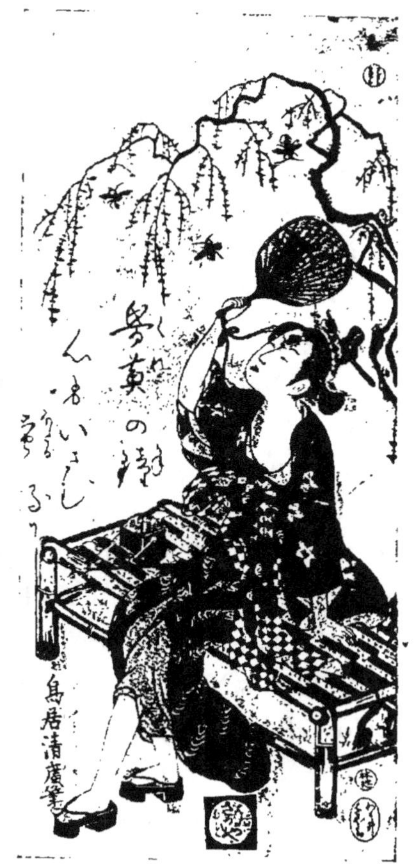

Coll. H. Véver.

Fig. 54. LA CHASSE AUX LUCIOLES,
par Kiyohiro.

d'un Hidari Zingoro, mais tout un miracle de ciselure, de miniature, spirituellement réparti au caprice
de la charpente et subordonné à ses proportions
d'embellissement.

Ne cherchons donc point de la statuaire au Japon,
pas davantage que nous n'y avons rencontré d'architecture au sens monumental que nous y attachons.
Ne demandons point à la minutie et à la patience,
au pinceau qui folâtre, au ciseau qui s'amuse dans
le tourbillon d'un génie fébrile, la majesté placide
enseignée par Vignole (fort heureusement pour l'originalité des Nippons !) ou le modelé grandiose d'un
Michel-Ange.

Sans avoir des « yeux de myopes », les Japonais,
dans le sillon de l'Inde qui prodigua à la pierre de
grande dimension des dentelles et des festons auprès
desquels pâlit l'orfèvrerie de nos cathédrales des
xve et xvie siècles, sont les maîtres incontestables du
bibelot. Ils conçoivent à la taille de leur physique
menu, avec un cerveau lourd de pensées, et ce sont
leurs petits bronzes, leurs *netskés* en ivoire, en corne,
en bois, qui représentent leur gloire de sculpteurs
personnels la mieux fondée.

Pour revenir à l'art de Zingoro, et pour ne point
nous répéter dans la louange, nous renverrons au
passage du chapitre de l'architecture où nous avons
célébré le temple bouddhique.

Le grand temple de Nikkô dédié par Yémitsu

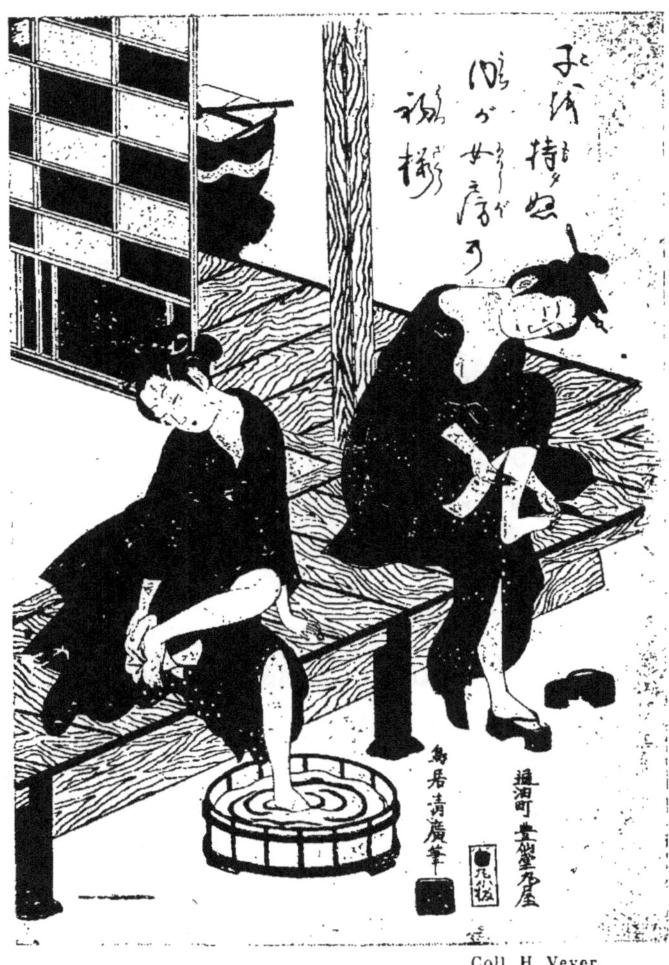

Coll. H. Vever.

Fig. 55. LA TOILETTE, par Kiyohiro.

à la mémoire de Yéyas, et les mausolées somptueux
des shyogun de la dynastie des Tokugawa dans

cette ville encore, sont, en effet, d'une parure extraordinaire (1). Ils offrent une telle profusion d'ornements qu'ils ont inspiré le dicton japonais : qui n'a pas vu Nikkô ne peut pas dire « merveilleux ».

Nous n'insisterons point sur ce triomphe de la charpente ouvragée, et nous nous tournerons maintenant vers le bronze, à échelle réduite, où la sculpture japonaise va atteindre aux plus hauts sommets de la grâce et de l'invention.

La sculpture japonaise est donc représentée surtout dans le bronze où elle a au moins brillé originalement (2), et nous opposerons plus loin le minuscule *netské* au gigantesque Bouddha pour montrer David terrassant Goliath.

Auparavant, il faut accorder aux statuettes en bois (fig. 95, 96 et 97), — il en est d'un travail étonnant ! — l'intérêt qu'elles méritent, en vertu de l'expression extérieure qui les anime ; ces statuettes

(1) La collaboration authentique de Zingoro n'est guère déterminée. On attribue au maître des sculptures d'animaux dans plusieurs temples de Nikkô, dans les châteaux de Nagoya, de Nidjo, etc. Mais la verve spirituelle et féconde du ciseau féerique de Zingoro plane surtout unanimement sur les chefs-d'œuvre de bois sculpté qui animent les temples enchantés de Nikkô.

(2) Nous retrouverons néanmoins cette originalité dans le masque. L'étonnant réalisme de ce dernier et de quelques bronzes et bois sculptés japonais anciens, en rupture d'hiératisme, égale les chefs-d'œuvre de vérité naturelle dus aux Égyptiens lorsqu'ils s'affranchissaient de leur canon.

où tantôt l'hiératisme en impose et tantôt le pittoresque, soit que
l'esprit en soit re-
ligieux ou profa-
ne. Statuettes sou-
vent peintes, qui
sont loin, en gé-
néral, de témoi-
gner de la sou-
plesse vivante des
moyens et petits
bronzes, où, au
fur et à mesure
des siècles, l'ins-
piration pesante
de l'Inde, de la
Perse et de la
Chine, surtout,
tend à s'évanouir.

Les objets en
bambou, en bois :
vases à personna-
ges champlevés,
coupe-papier,
étuis de pipe
ciselés à fleur de
matière, ainsi que des cannes et tous manches

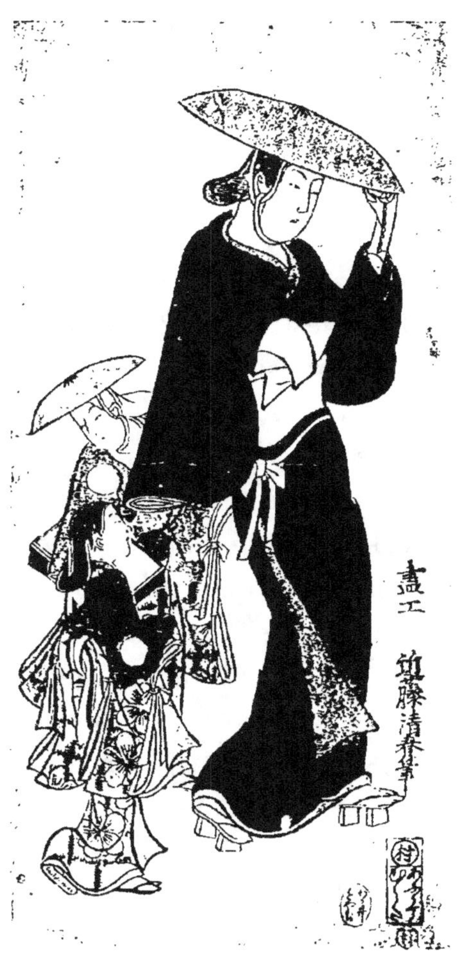

Coll. H. Vever.

Fig. 56. LA PROMENADE, par Kiyohiro.

d’objets (voir nos en-têtes de chapitres), viennent témoigner, avec des boîtes et coffrets, parmi tant d’autres prétextes à ornementation au bout de l’outil, d’une habileté extraordinaire, au bénéfice, toujours, d’un sentiment décoratif singulièrement fécond.

Pourtant, c’est dans le bronze que nous nous sentirons peut-être plus à l’aise pour parler sculpture, car nous aurons l’occasion de puiser à nouveau, au chapitre de l’art appliqué, dans ce trésor d’ingéniosité, de fantaisie, de rareté et de goût que les Japonais ont accumulé pour notre stupéfaction admirative. C’est dans la fonte, au moyen dit « à la cire perdue », qu’à l’exemple des Chinois les Nippons ont opéré pour la réalisation de leurs œuvres de dimension réduite.

Étant donné que la matière robuste choisie autorise les découpures, les parties échevelées, les artistes d’Extrême-Orient ont recherché, souvent même jusqu’à l’exagération, les ajours, la broderie dans le métal, qui exercent leur attraction de détails au détriment des masses et des volumes. Mais quel esprit, quelle malice dans tout cela ! Avec quelle maîtrise les Japonais ont travaillé tous les métaux ! Combien ils les ont enrichis et égayés !

Nous avons cité, vers le VIIIe siècle, des figures colossales coulées en bronze, nous aurions pu, parallèlement, noter des cloches, des armes, des casques (fig. 101), qui témoignent du plus vif attrait

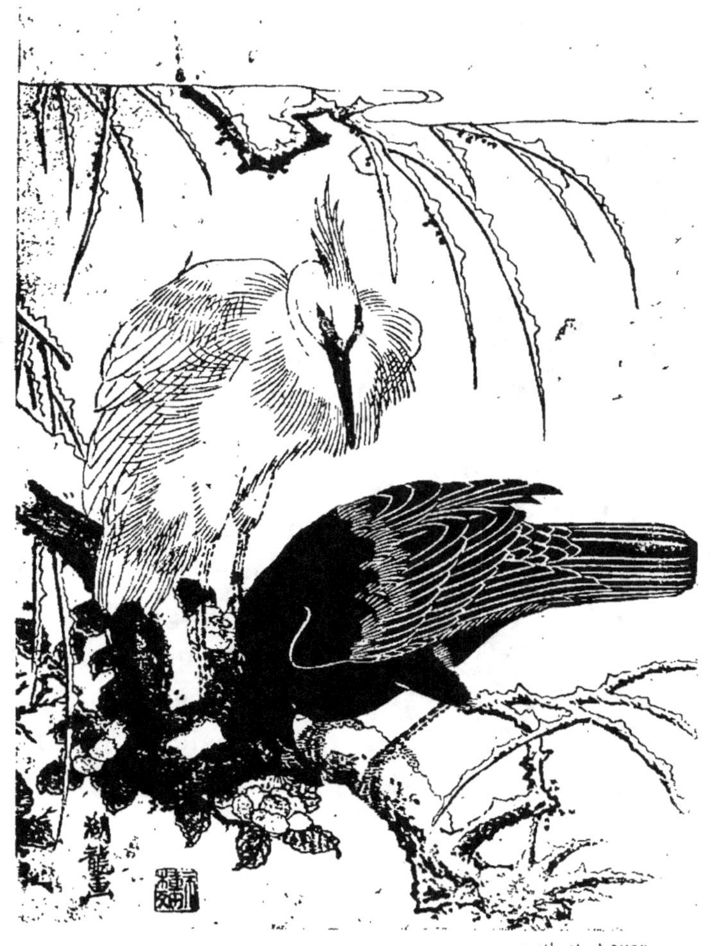

Coll. H. Vever.

Fig. 57. OISEAUX, par Koriusaï.

exercé, dès les âges les plus reculés, par ce vigoureux moyen d'expression, et l'on ne séparera pas le culte bouddhique des objets d'art ciselés par la foi, et d'ailleurs modelés sur l'exemple chinois, tels que flambeaux et brûle-parfums, dont les temples s'ornaient. Puis, peu à peu, le goût pour le bronze tenta le marteau et le ciselet profanes, et la nature qui, toujours passionna le génie des Nippons, leur révéla, de même qu'elle avait éclairé leur pinceau, cette originalité poignante que la Chine, particulièrement, leur masquait ou leur faisait attendre.

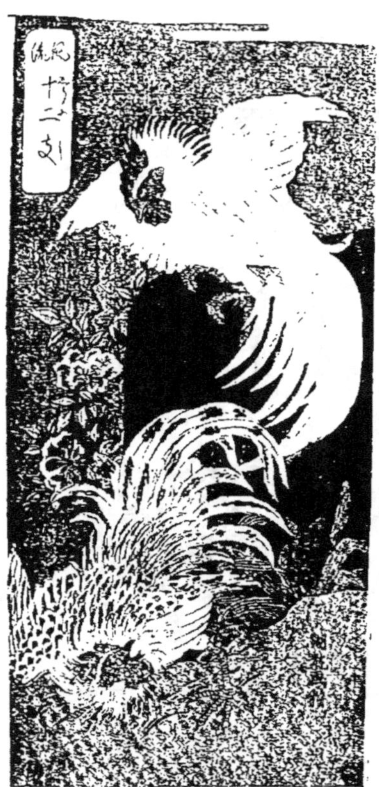

Coll. H. Véver.

Fig. 58. COMBAT DE COQS,
par Koriusaï.

De tradition chinoise, comme nous de tradition grecque, le Japon, ne l'oublions pas, n'abdiqua pas de suite le modèle d'origine. Il repassa les formes, les suggestions du monde entier, y compris celles de l'Hellade. Mais quelles variations personnelles sur tous ces thèmes de rencontre imaginative plutôt! Sans oublier les apports essentiellement chinois de ces vases à méplats, à étroites cloisons rectangulaires rééditées de la céramique dans le bronze (qui semble les avoir empruntées au bois), avec une erreur d'appropriation qui s'absout, cependant, par la beauté nouvelle.

Quant au décor de ces formes, à menus personnages, à fleurs, à animaux, rien ne peut donner une idée de leur étonnante diversité, en dehors de leur étude contemplative (fig. 102 et 103).

L'esprit d'observation s'est là exercé à ravir. Il a attaché de l'importance à la moindre bestiole qui se pose sur le brin d'herbe le plus menu. Dans le repli infime d'une feuille on découvre un insecte étonnant de vérité, et l'exécution de ces infiniment petits, dont la rétine de l'œil japonais s'impressionna si subtilement, demeure toujours large dans sa méticulosité savante.

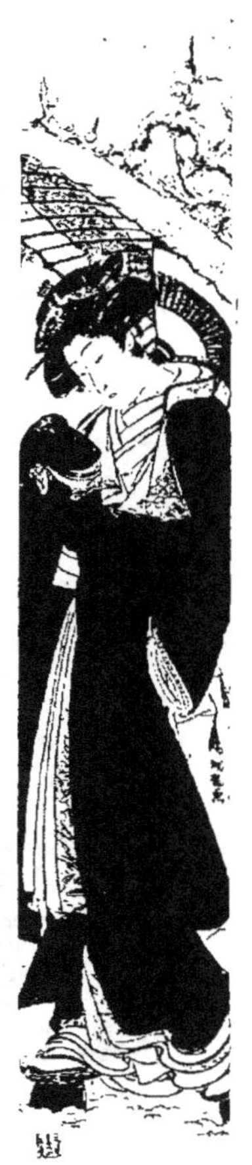

Coll. H. Véver.
Fig. 59.
SILHOUETTE,
par
Koriusaï.

Un aigle « dont chaque plume est une pièce tra-

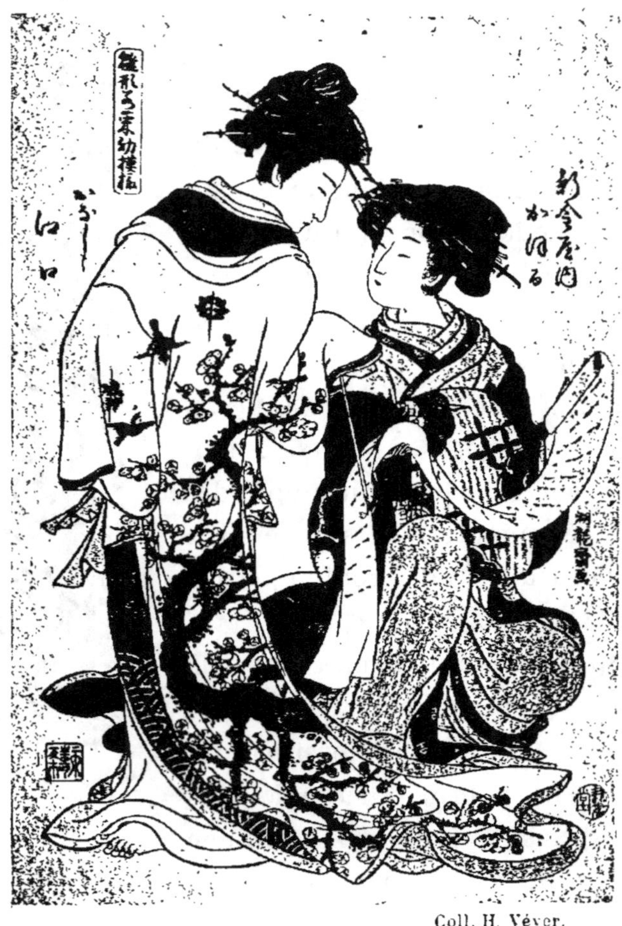

Coll. H. Véver.

Fig. 60. ÉTUDE, par Koriusaï.

vaillée à part » constitue notamment, parmi les
annales du métal forgé par les Nippons, un chef-

d'œuvre auquel atteignent encore les ailes d'un papillon, comme palpitantes, et tant d'autres coccinelles prêtes à s'envoler.

Mais, alors qu'il s'agit là, plus précisément, du fer dompté au marteau sur l'enclume par le génie d'un Myiotshin, les Seïmin, les Tôoun vaincront la ciselure et la fonte avec autant de délicatesse et de force. C'est le début du xixe siècle, après un xviiie siècle d'étonnante souplesse dans la vigueur, après un xviie siècle exprimant en mâle beauté des bronzes à patine noire légèrement mate, qui sont inoubliables.

D'ailleurs nous reviendrons au fer forgé lorsque nous parlerons de l'art appliqué, et, avant de quitter la sculpture japonaise vivante dans le bronze, nous jetterons un dernier regard sur ses modèles intensément décoratifs.

Voici une lanterne en bronze vert, avec son couronnement en forme de toit de pagode et son corps à pans coupés, aux échancrures — pour laisser passer la lumière — garnies de rinceaux de feuillage; voici un vase religieux en bronze damasquiné, décoré de chimères. Voici un candélabre formé d'une grue et d'une tortue (les tortues en bronze ciselé de Seïmin sont réputées); voici un vase dont les anses sont des racines échevelées adaptées par un gond à la panse. Voici quelque statuette de *Kwanon* en bronze niellé d'argent; voici, sous les dehors d'un canard piétinant une feuille de lotus, un brûle-parfum ingénieux dont la fumée s'envole à travers le hérissement des plumes du volatile. Voici des porte-bouquets aux formes audacieusement enlacées de dragons, des vases à fleurs, aux patines vertes grenues, où grimpent des petits animaux si vivants qu'ils semblent prêts de fuir, comme ceux qui, déjà, se cachent sous la matière robuste pour en constituer les pieds. Voici des récipients d'inspiration chinoise, ornés de palmettes, de dentelures, aux anses épaisses, etc. Autant de miracles plutôt de frivolité

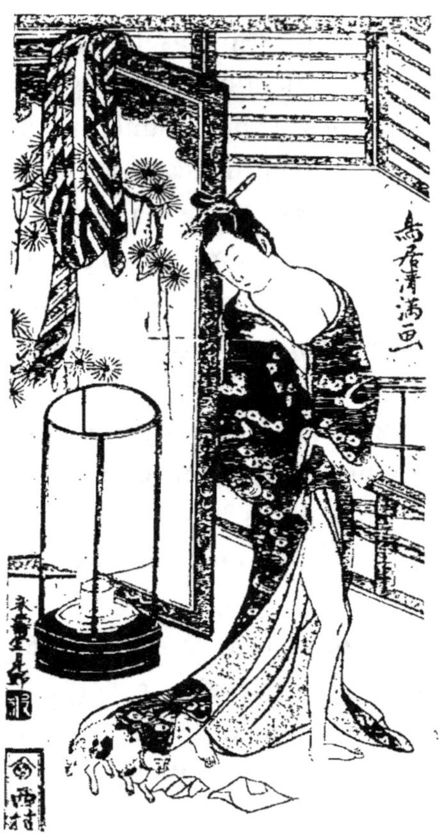

Coll. H. Véver.

Fig. 61. INTIMITÉ, par Kiyomitsu.

que d'utilité; cette dernière souvent sacrifiée à
l'agrément visuel; témoin tant de vases ajourés,
incapables de contenir
de l'eau et seulement
enorgueillis du tour de
force de leur fonte.

* * *

Dans la statuaire
japonaise, il faut com-
prendre aussi les mas-
ques (fig. 104 et 105)
et les *netskés* (fig. 106
à 109).

A l'exemple des Grecs
dans leur théâtre, les Japonais eurent recours à
des masques pour ren-
chérir sur l'expression
physionomique humaine.
Toutefois, alors que chez
les Grecs les masques
servaient à figurer, aux

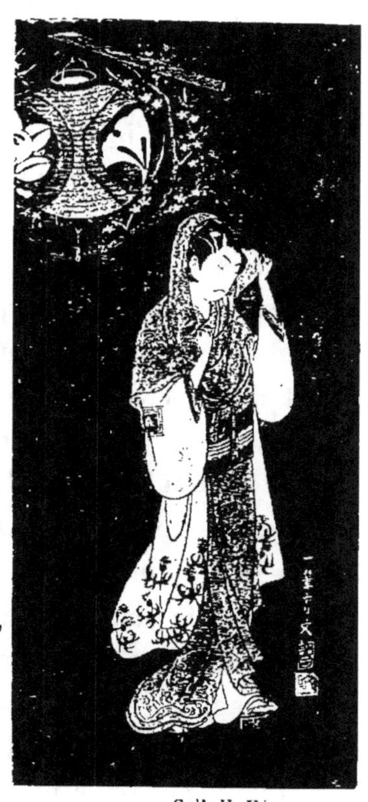

Coll. H. Véver.
Fig. 62. NOCTURNE,
par Bunchyô.

yeux des spectateurs, les types traditionnels de
la tragédie et de la comédie, à agrandir leur taille et
à renforcer la voix des acteurs, le masque des Japo-

nais avait une raison purement esthétique qui est tout un programme de beauté dégagée du « caractère ». Tandis que nous admirons la régularité des lignes d'un visage, les Japonais se complaisent à l'exagération violente des traits, à l'expression extérieure des sentiments intérieurs manifestés avec intensité. D'où cette beauté des masques nippons, issue de leur aspect hideusement fantaisiste qui atteint à la grandeur dans la réalisation émouvante de la grimace. D'où cette sauvage énergie, cette puissance et cette majesté dans l'horreur ou la vulgarité dont ils témoignent dans la véhémence, lorsqu'ils ne frappent pas, au contraire, par la frigidité extraordinaire de ce facies de douleur ou de mystère concentrés, stéréotypé chez leur bouddha.

Les sculpteurs japonais ont donc parfaitement choisi dans le bois les caractères essentiels des divers sentiments qui agitent l'âme humaine au paroxysme de sa manifestation musculaire ou bien de sa placidité. Les peintres japonais empruntèrent non moins à cette même esthétique, magnifiant jusqu'à l'horreur qui, décorativement, a toujours rejoint la beauté.

Les masques les plus remarquables du passé sont conservés dans les temples, à Kiotô, à Nara, à Itzukushima. Ils proviennent des cérémonies hiératiques, semi-religieuses — comme celles de Nô — et religieuses, dont l'origine remonte à la plus haute antiquité. On les utilisa aux fêtes de la cour, dans les représentations théâtrales, et d'aucuns datent du ixe siècle; le début du xviie siècle déterminant leur essor le plus fameux (illustré par le sculpteur Démé-Jioman), et leur déclin artistique s'inscrivant à la fin du même siècle, lorsque le théâtre en fit moins de cas.

Les masques des personnages légendaires (au théâtre), dieux, sorciers, démons, étaient dorés ou peints en couleurs noir, rouge, vert. Et, d'une manière générale, ils étaient laqués ; des crins soulignant

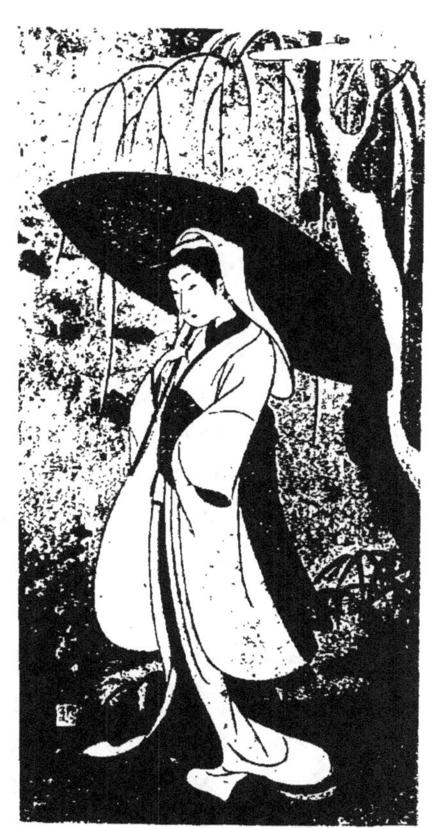

Coll. H. Véver.

Fig. 63. ÉTUDE,
par Bunchyô (Ippitsusaï).

souvent la vérité des sourcils et de la barbe; la bouche, les narines et les yeux de ces effigies, troués dans le bois, criant leur réalisme avec une énergie poignante.

Le génie sculptural des Japonais se poursuivra dans leur merveilleux *netské*.

Le netské est une petite breloque de bois, d'ivoire sculptés, de métal, de corail, de porcelaine, qui, attachée à un cordonnet de soie, sert à suspendre à la ceinture différents petits objets : blague à tabac, étui à pipe, etc.

De même que les Japonais ont souvent érigé la hideur à la hauteur de la beauté, ils ont découvert la grandeur dans le minuscule netské. Jamais leur fantaisie, leur verve et le goût ne furent plus à l'aise que dans ces illustres figurines où l'esprit légendaire, mystique ou religieux, avec le réalisme le plus aigu de la vie courante, se donnent libre cours.

L'ancêtre des *netskés* fut conçu en bois, et il remonte à la fin du xvie siècle. Vers cette époque, on cite parmi ses exécutants les plus fameux : Shiouzan, natif de Nara; le xviiie siècle se flatte, notamment, de Rioukeï, de Norikadzou, de Gamboun, et le milieu du xixe siècle, de Norisané, de Anrakousaï, de Masatsugu, qui, avec quelques maîtres de l'estampe précédemment cités, ne craignirent pas de briller encore dans la ciselure de ces moindres bijoux.

Le chapitre de la matière de petite dimension précieusement ornée s'enrichit encore des étuis de pipe, où dans le bois, le bambou, l'écaille, l'os, l'ivoire, la corne, le bronze, le laque, les Japonais se sont supérieurement dépensés.

Nous poursuivrons au chapitre de l'art décoratif la variété d'expression de ce ciseau endiablé. Nous verrons son habileté fantastique s'étendre à une multitude de bibelots. Nous entendrons l'éclat de rire de ces grands artistes résolvant tous problèmes de patience et d'imagination dans le triomphe d'une composition où s'entremêlent animaux, fleurs et personnages, où s'échangent grimaces et sourires, malices et ingénuités, qui, à force de talent, ennoblirent la matière même la plus vulgaire.

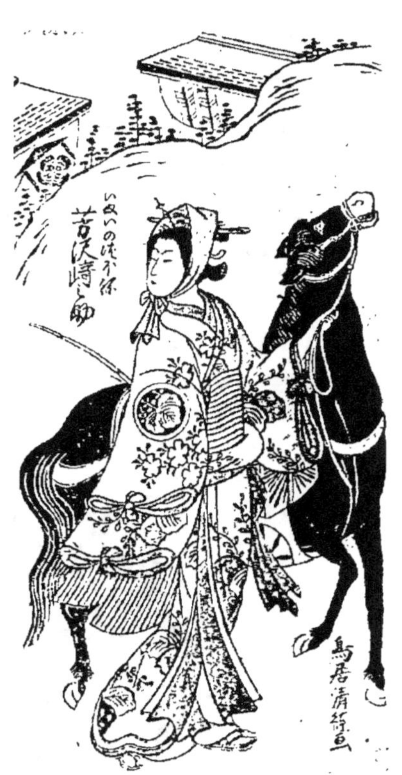

Coll. H. Vever.

Fig. 64. Étude, par Hiyotsuné.

Que de pensées encloses dans un *netské*, dans un étui à pipe, dans un coupe-papier, dans un plateau ! Et, si l'on retrouve souvent, parmi les auteurs de ces joyaux, les mêmes noms, nous ajouterons néanmoins ceux de Rioukeï, de Hanzan et de Ikkô aux maîtres de l'étui à pipe. Ils sont des sculpteurs et des ciseleurs émérites. Nous apprécierons, d'ailleurs, que ces breloques de ceinture constituaient les seuls bijoux des Nippons, dont ils variaient luxueusement l'effet et la richesse, à la façon des *samuraï* diversifiant l'agrément de leur sabre grâce à une collection de gardes (voir nos culs-de-lampe de chapitres) aussi merveilleusement et dissemblablement ouvragées.

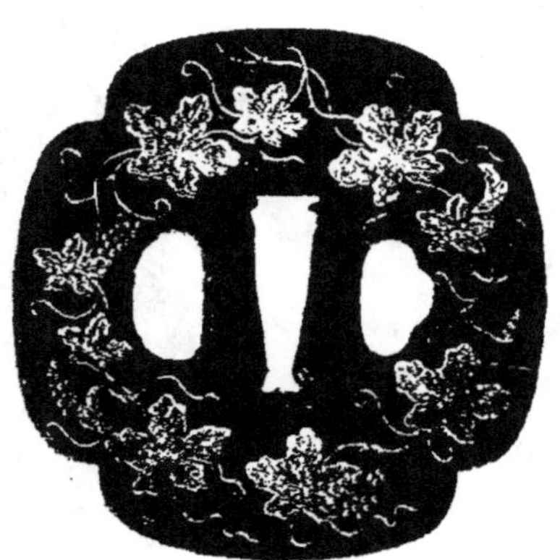

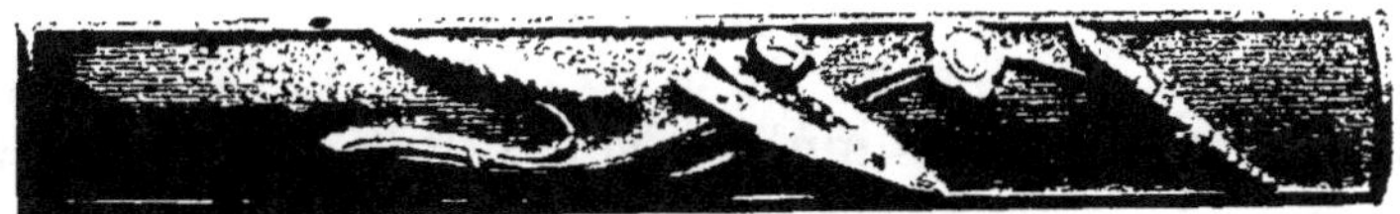

CHAPITRE V

L'Art appliqué : Le Meuble et le Laque

La parcimonie du mobilier japonais n'a d'égale que celle de la Chine. Le meuble, petit monument d'architecture exposé ni plus ni moins que la maison aux caprices d'un sol volcanique, ne pouvait être considéré davantage dans des intérieurs subordonnés à une sécurité relative.

Victor Champier, en quelques lignes, d'ailleurs, a décrit ce mobilier pour ainsi dire défaillant.

L'auteur, après avoir franchi le rez-de-chaussée de la maison japonaise, nous conduit au premier et à l'unique étage, où il relève la même nudité, presque absolue, la pareille propreté minutieuse. Des nattes nombreuses, du bois clair; point de meubles, peu ou point d'ornements apparents.

« ... Le seul des quatre côtés de la muraille qui ne soit pas en papier et démontable, contient des petites niches dissimulées sous des panneaux de papier blanc ornés de quelque peinture ou d'un croquis à l'encre de Chine; ce sont des armoires finement ouvragées, pour mettre les vêtements. Point de lit : on couche tout habillé sur les nattes (fig. 110), enveloppé dans des couvertures piquées (ou des matelas minces), le cou appuyé ou plutôt emboîté dans l'échancrure d'un petit chevalet d'acajou, pour empêcher la savante coiffure féminine de se défaire. Point de tables : on mange sur les *tatami* (fig. 111), dans de minuscules ustensiles. Point de sièges : on s'accroupit par terre.

Mais remarquons bien ce contraste; au milieu de cette absence de confortable, dans cette nudité voulue et cette élégance faite de néant, le luxe existe, un luxe de détails infiniment petits et d'une préciosité incroyable. Ainsi, le bois des poutres et l'encadrement des panneaux est nature, comme s'il sortait du rabot, mais les clous y sont cachés sous des appliques de bronze, du travail le plus achevé. Les châssis mobiles des murailles, au lieu d'être munis de poignées, comme nous en aurions mis, sont percés de minces trous ovales ayant la forme d'un bout de doigt, destinés à introduire le pouce pour qu'on puisse les tirer; et ces petits trous ont une garniture de bronze, et, regardé de près, ce bronze est merveilleusement ciselé : ici, c'est une dame qui s'évente;

ailleurs, dans le trou voisin, est représentée une branche de cerisier en fleur.

« Le Japonais se peint là tout entier : s'appliquer à

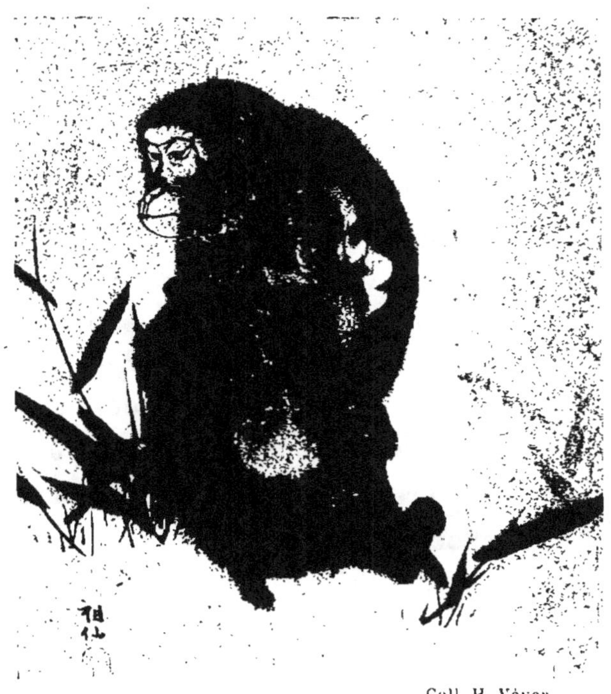

Coll. H. Véver.

Fig. 65. SINGES, par Sosen.

une œuvre en miniature, la cacher au fond d'une entaille à mettre le pouce, qui semble n'être qu'une tache au milieu d'un grand châssis blanc; tout ce patient travail dans un accessoire imperceptible, pour arracher un cri de surprise, pour produire un effet imprévu. Si ce n'est pas là, tant s'en faut, le dernier mot de son art et de son idéal, c'est un trait saisissant de caractère qui achève de nous faire connaître ce peuple spirituel, sa manière de comprendre son architecture et la décoration de sa demeure. »

On sèmera sur cette netteté générale — que soulignent des boiseries sans peinture ni vernis, mais dont les veinures et les nodosités ingénieusement assemblées, confrontées, ménagées, constituent des dessins savoureux — quelques paravents, et ce n'est qu'à l'entrée des intérieurs aisés (ou au fond de la chambre) que l'on apercevra une niche — peu profonde et à peine surélevée du niveau des *tatami* — où s'accroche un *kakemono*. C'est là le *tokonoma* (fig. 110), sorte de reposoir dont on fait les honneurs à l'invité de choix, qui recèle à la fois l'encens du passé et l'écho des décisions considérables prises par la famille.

Dans le *tokonoma* figurent, avec le *kakemono* (dont le sujet est souvent varié selon l'harmonie des saisons, suivant l'esprit du jour, l'intérêt d'une cérémonie, etc.), sur une tablette ou une marche, quelques riantes potiches garnies de fleurs — étagées et groupées suivant un rite esthétique, — quelque vieux magot de bronze, etc.

Point de bibelots? s'étonnera-t-on. Point de bibelots au pays même du bibelot? C'est que nos étalages

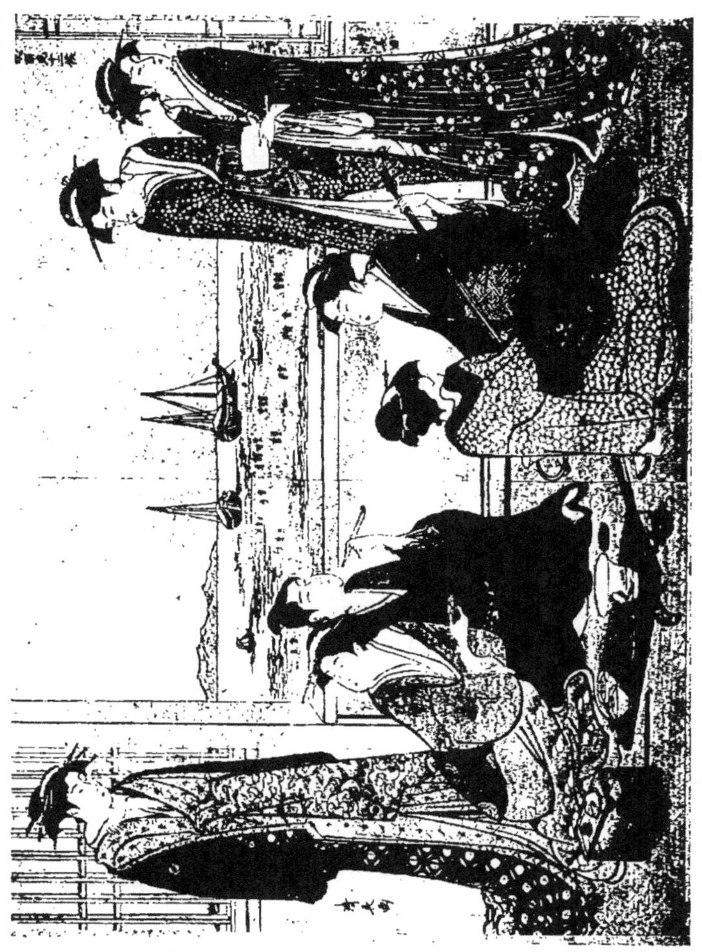

Fig. 66. DANS UNE MAISON DE THÉ, par Kiyonaga.

Coll. H. Véver.

occidentaux, du moins, sont hostiles au goût japonais. C'est que l'encombrement de nos vitrines, de

nos murs, étonne ces artistes et artisans précieux, d'autant plus que nous nous sommes emparés de leurs œuvres, même les plus vulgaires, dont nous avons fait des bibelots de prix, souvent 'à leur très grande surprise ! En écartant le délire exotique prêt à encenser « tout ce qui vient de loin », le discernement éclairé devait pourtant réserver une place de choix dans ses collections à un art accusé jusque dans les moindres expressions usuelles. On pourrait même dire essentiellement voué à l'embellissement de l'utilité, puisque cet art, indifférent à la spécialisation de l'artiste, est moins attaché au tableau, à la statue et à l'architecture qu'à la

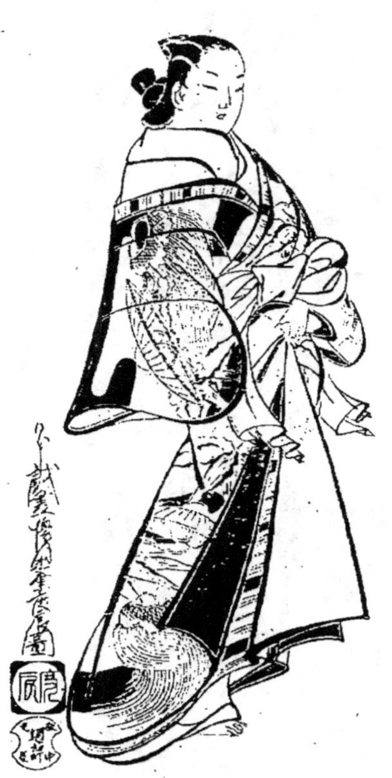

Coll. H. Véver

Fig. 67. Etude, par Kwaighetsudo.

sculpture d'un bouton, d'un *netské*, qu'à la ciselure
de la garde d'un sabre, qu'au décor d'un plateau,
qu'à la broderie
d'une robe.

Que les Japonais
ignorent les bijoux,
cela ne saurait sur-
prendre encore, puis
que le travail fin et
menu, de préférence,
méticuleux, patient
et rare des Nippons,
relève éminemment
et aboutit au pur
joyau par amour du
détail. Qu'importe à
la *gheisha* la valeur
intrinsèque des épin-
gles en bois qui sou-
tiennent sa lourde
chevelure. Ne sont-
elles pas délicieuse-
ment sculptées? Et

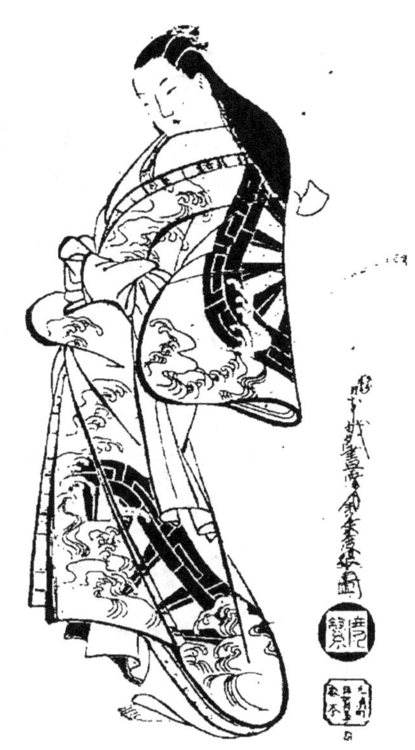

Coll. H. Véver.

Fig. 68. ÉTUDE, par Kwaighetsudo.

pareillement, les agrafes de sa ceinture ne repré-
sentent-elles point une riche ciselure dont la matière
même la plus commune s'honorerait?

«... Dans l'art de l'ébénisterie (japonaise), observe

justement A. Lasenby Liberty, les tiroirs s'ajustent avec une telle précision que c'est un délice de les

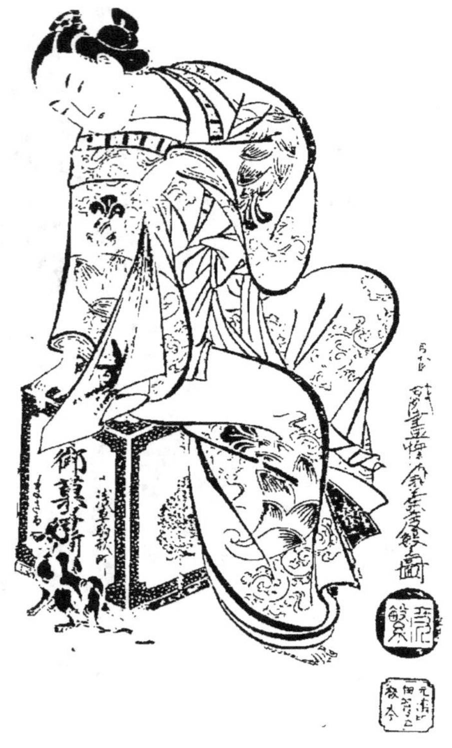

Coll. H. Véver.

Fig. 69. JEUNE FEMME, par Kwaighetsudo.

ouvrir et de les fermer. Les petites tables de bois, les plateaux, les coupes à boire, les éventails, les pipes, les montures de parapluies, les paniers, les seaux, les instruments de jardinage, tous ces humbles ustensiles peuvent être considérés, chacun dans leur genre, par l'impeccable perfection avec laquelle ils ont été façonnés, comme de véritables objets d'art... »

Pour retourner au bibelot dans la patrie d'Hokusaï, il est à remarquer que l'on affectionne autant les bibelots que chez nous, mais avec la différence que l'on préfère en jouir discrètement. On ne les produit qu'à l'hôte à qui l'on veut en faire honneur. Bien étiquetés et mystérieusement à l'abri, les objets d'art japonais ne voient le jour que dans de rares occasions. L'artiste japonais se plaît, en matière de laques (de même qu'en céramique), « à cacher au premier regard les beautés les plus captivantes. Par un spirituel raffinement, il met le plus beau à l'intérieur d'un bol ou sous le couvercle d'une boîte. Ce n'est nullement un objet d'ameublement ; cela constitue le bibelot de choix que l'on serre précieusement dans un petit sac de brocart, pour renfermer ensuite le tout dans une boîte faite avec les plus fines essences de bois... »

A côté de l'ostentation de chez nous, on goûtera la délicatesse, la modestie de ces pourvoyeurs de l'objet d'art, par excellence, de ces artistes qui, souvent, au lieu de laisser dominer l'effet d'un décor sur la surface visible d'un plateau, trouvent une satisfaction intime à ce qu'on le découvre sous un

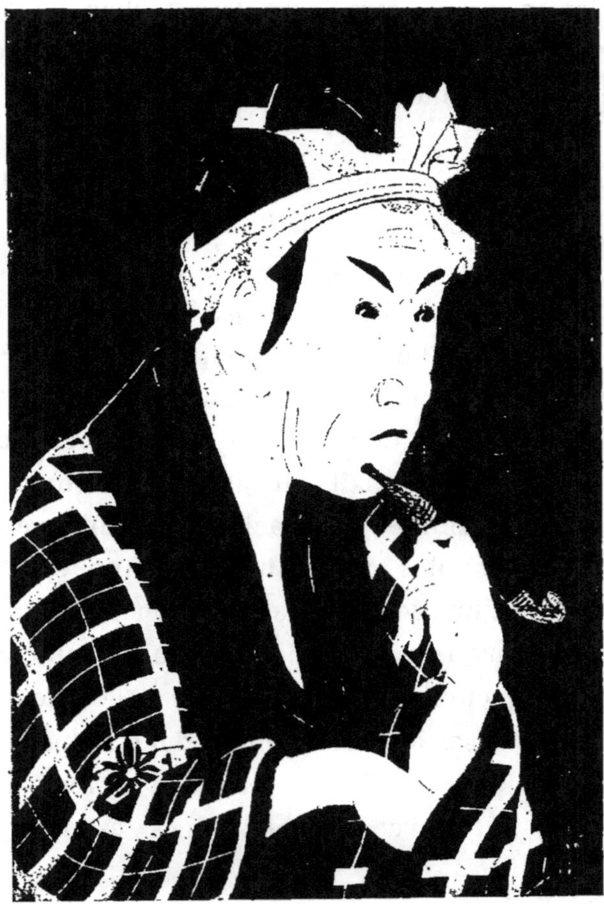

Coll. H. Véver.

Fig. 70. PORTRAIT D'ACTEUR, par Shyaraku.

rebord, à un verso, comme pour en distiller la surprise. Quelle singulière identité entre le visage mystérieux

et fermé que le Japonais s'attache à se composer, et
ce sourire inattendu !

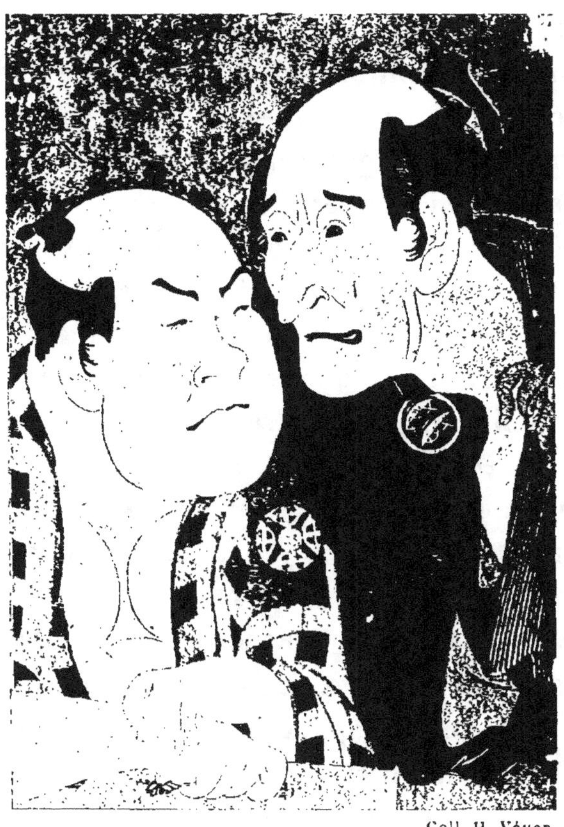

Coll. H. Véver.

Fig. 71. PORTRAIT D'ACTEURS, par Shyaraku.

Et ces pourvoyeurs de bibelots sont ces mêmes
porteurs de bijoux que l'art a seul sacrés tels, non au
prix de leur coût mais à la valeur de leur beauté.

D'ailleurs, nous verrons sortir des sortes d'appartements qui les abritent, des petits chefs-d'œuvre de bronze, d'ivoire et de laque (fig. 112 à 116). Des petits meubles à tiroirs (cabinets), des boîtes et cassettes ornés de peintures et de dorures, des plateaux d'une ornementation exquise sous leur beau vernis de Chine noir ou rouge; une multitude de formes enrichies par une matière caressante.

A propos des petits meubles à tiroirs japonais, une observation s'impose. On sait que les Japonais ne balancent point leurs compositions dessinées à notre manière. C'est-à-dire que les lois d'arrangement des scènes qu'ils exposent ne se présentent point conformes à l'équilibre de notre conception. Or, il se produit, dans les petits meubles (1) du Japon, ce même déséquilibre à nos yeux. De telle sorte que si nous sommes charmés du caprice de ces petits meubles, tant par leur silhouette que par la masse et la disposition souvent singulière de leurs casiers ou tiroirs, ce prétendu caprice correspond à un système normal de composition qui n'est original qu'à notre regard occidental. Aussi bien, de chaque plastique humaine dérive une manière de geste et une démarche qui incitent à des manifestations et éloquences esthé-

---

1. La logique même veut que les quelques rares meubles japonais soient de faible hauteur, parce qu'ils doivent être à l'échelle d'une personne assise à fleur du sol.

tiques différentes. Ceci était à dire relativement à
l'équilibre spécial de l'art japonais, notamment,

pour renseigner l'éton-
nement et le tempérer,
en même temps que
pour expliquer le ra-
tionalisme de cet équi-
libre.

Les Japonais sont
pour l'asymétrie, répé-
tons-le. Sur le bois
poli et net des parois
de leur demeure, sur
une seule de ses encoi-
gnures sont semés, çà
et là, par exemple, des
motifs décoratifs sans
volonté de balance-
ment, comme les nô-
tres. Au bois poli
s'oppose inopinément
et exprès un bois brut.
Nous reviendrons, d'ail-
leurs, sur l'effet de sur-

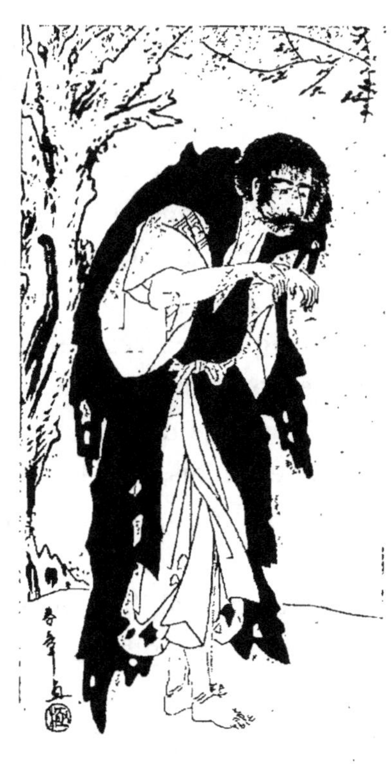

Coll. H. Véver.

Fig. 72. ÉTUDE, par Shyunshyô.

prise cherché par le décorateur japonais, de préférence à l'ornementation étalée.

Nous devrons aussi ajouter aux rares meubles

précédents ceux, fondamentaux, qui suivent : la table de travail (à hauteur d'une personne accroupie), un simple plateau soutenu, sur les côtés, par quatre pieds fins, dont deux subissent une légère traverse au tiers de leur verticale et les deux autres une traverse non moins légère tout à la base (pour l'asymétrie dont nous avons parlé); le chevalet grêle en X, qui supporte un grand miroir rond, mobile, à manche carré, large et plat, sortant d'une gaine de forme identique; la lanterne-veilleuse, en papier, cylindrique, carrée, etc., reposant sur un menu trépied ou sur un petit socle plein.

Le manche du miroir (fig. 49 et 76) dépasse largement, en biais, sur le chevalet, lorsqu'il n'est point posé sur un appui fixe dépendant d'un petit meuble à tiroirs.

Tout ce mobilier volant et généralement laqué, ainsi que les plateaux (celui qui sert aux repas [fig. 66 et 111], comporte des pieds l'exhaussant seulement d'une quinzaine de centimètres). On s'en débarrasse, de même que de la literie (couvertures épaisses, taillées sur la forme du *kimono*, matelas minces, petits traversins étroits réservés aux hommes, ceux de la femme, en bois garni d'étoffe, s'arrêtant à la joue pour protéger la chevelure), dans un placard dissimulé et clos par des panneaux mobiles.

Il est à noter que les bibelots précieux sont souvent

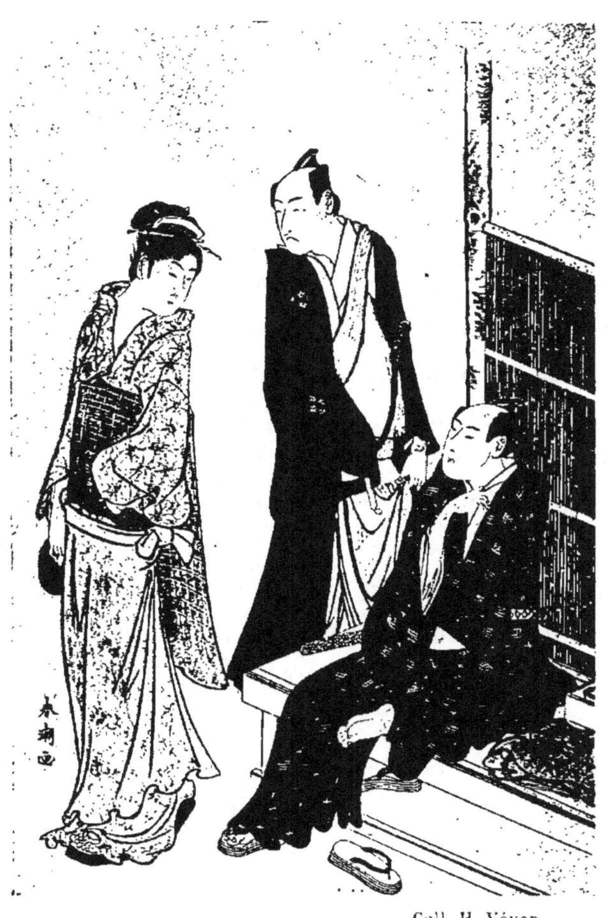

Coll. H. Véver.

Fig. 73. ÉTUDE, par Shyunshyô.

abrités dans une petite salle dont l'incombustibilité est en principe assurée par une charpente noyée dans de la terre et de la chaux que des portes épaisses, encore, buttées de terre, défendent.

Pour le chauffage, point de cheminées : un brasero portatif (fig. 61) sans intérêt esthétique (non plus que les meubles précédents, aux formes carrées relevées cependant, par une parfaite exécution), et, pareillement quant aux ustensiles pour la toilette : des sortes de baquets (fig. 49 et 55) propres aux diverses ablutions. Mais on serait tenté de décrire, voisines de ces baignoires rudimentaires, des bouilloires, des vasques en cuivre aux formes impressionnantes de sobriété et de charme. Tel encore, le chaudron national *(yuwa-kashi)* pour faire chauffer l'eau, dont tout le décor consiste en un martellement de choix, au marteau sur le métal, qui a inspiré si éloquemment l'orfèvrerie comme la dinanderie ornée, dans le monde entier.

Ce martellement qui s'amusa à embellir, est essentiellement japonais. Encore une surprise aux yeux ! On retrouve dans les moindres atours de ce pays cet esprit de profiter de la matière avec un sourire. Combien on parcourt agréablement ces appartements frais et nets, dont les nattes, couleur de beurre, sont seulement foulées par de pures sandales tressées de paille, ou par des chaussettes.

Ces chaussettes spéciales qui maintiennent, au moyen d'anses doubles où s'engagent séparément l'orteil et les autres doigts du pied, les chaussures

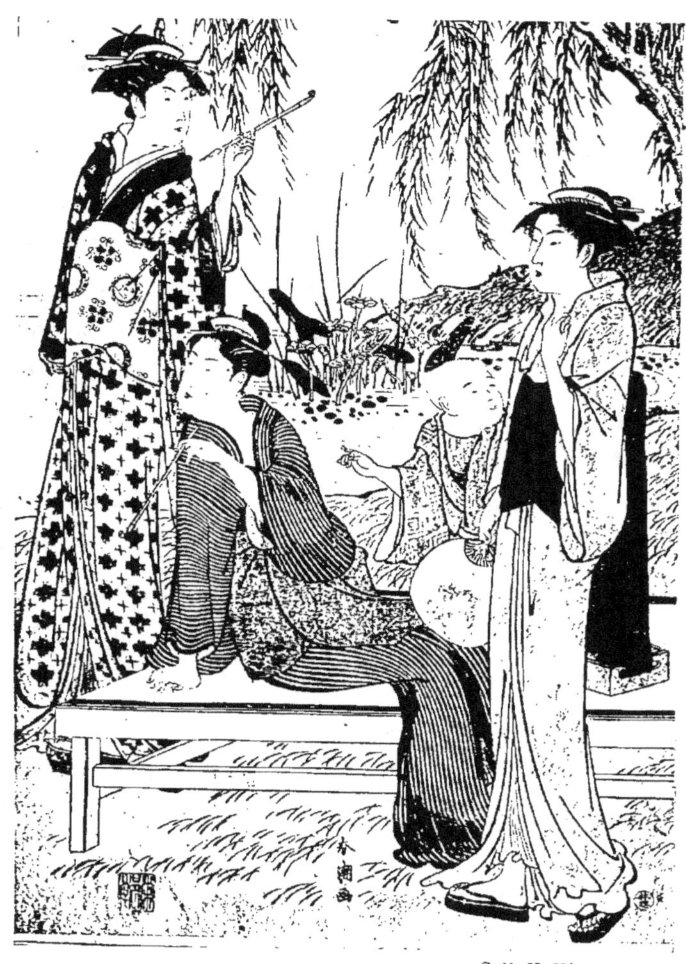

Coll. H. Véver.

Fig. 74. En été, par Shyunshyô.

de pluie : les *geta*, d'une architecture primitive et

pittoresque, des sortes de petits bancs surélevés jusqu'à douze centimètres du sol, parfois.

Point de luxe ostentatoire, du raffinement dans ce que l'on tient caché, en surprise de beauté, et même il importe de savoir goûter tout le prix de cette sobriété ambiante. C'est ainsi que l'on a fait justement observer que les piliers composés de troncs d'arbres inachevés, relevant d'essences rares, que les balcons construits en bambous bruts, que les divers assemblages de cette charpente imprévue, coûtaient souvent plus cher que les bois vulgaires sciés à la machine, que les assemblages courants, en série, dont se parent nos bâtiments.

C'est là encore une preuve du goût discret des Japonais. Leur simplicité démontrée par le poli sincère d'un bois naturel de qualité, s'opposant, avec distinction, au brillant factice d'un bois quelconque sous le vernis.

Point de vaste table à manger, mais dans quelle splendide porcelaine fume le thé ! Sur quel prestigieux plateau de laque sont déposés tous les plats ! Et la couleur de ces plats assemblés, quelle radieuse palette ! Les Japonais sont artistes jusque dans l'harmonie de leur nourriture.

Cette simplicité mobilière — du moins d'apparence en matière de beauté — ne semble-t-elle point un reproche décoché à notre civilisation tapageuse ?

Mais encore, en y regardant bien, des fauteuils

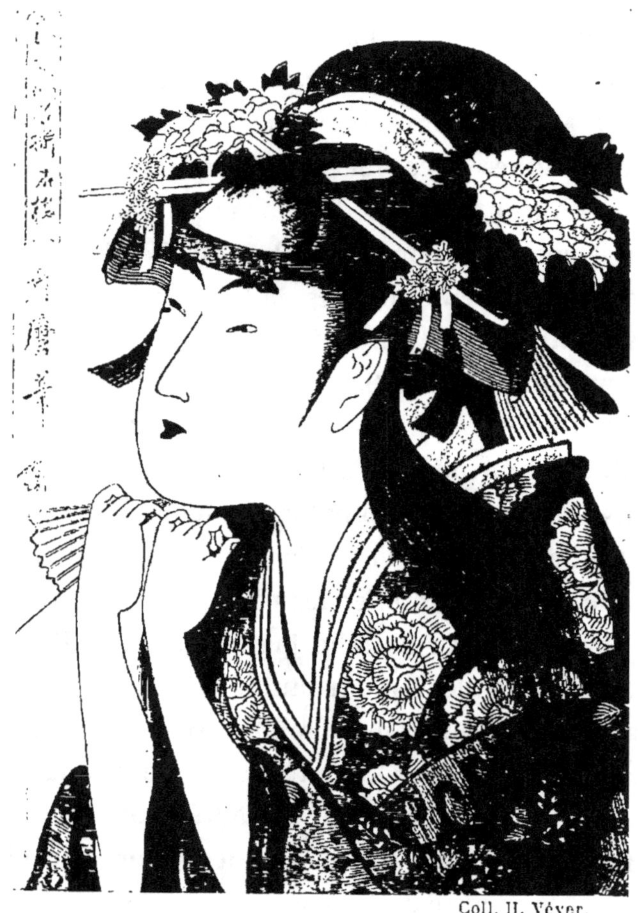

Coll. H. Véver.

Fig. 75. JEUNE FILLE, par Utamaro

assez semblables à ceux de nos bureaux modernes
(à dossier courbe, à sangle, à pieds en X, laqués

rouge, d'inspiration chinoise) furent en usage dans la noblesse et dans les temples, aux âges lointains. Cependant, cela n'est point caractéristique du style qui nous occupe et s'avère plutôt exceptionnel.

Mieux vaut encore distinguer des trépieds, des tabourets laqués et cabinets-armoires (les idoles sont encloses dans une sorte de placard à volets), tous meubles légers, en bois naturel aussi. Les bois japonais plus nombreux que les nôtres permettant ces décors de fibres, de veinures, dont nous avons parlé, qui se suffisent de leur beauté nue.

Les tabourets, comme les trépieds, affectionnent des galbes empruntés à notre Louis XV, lorsqu'ils ne nous séduisent pas, plus originalement, par leurs pieds rigides et *en dedans* à leur base. Nous verrons la femme jaune déambuler les pieds ainsi tournés, et cette analogie de la marche japonaise avec l'extrémité de ces meubles est piquante.

Néanmoins, pour en terminer avec le mobilier de l'empire du Soleil-Levant, nous ne changerons point d'avis relativement à son agrément sommaire comparativement au nôtre, et, de même que chez nous, c'est la qualité du luxe qui en diversifie l'aspect.

Nous aborderons maintenant le chapitre de l'emprunt que notre art moderne a fait à l'Extrême-Orient. Des précédents fameux sont à la base de cette admirable suggestion, pour ne traiter ici que du meuble. Nous avons vu la fantaisie extraordinaire

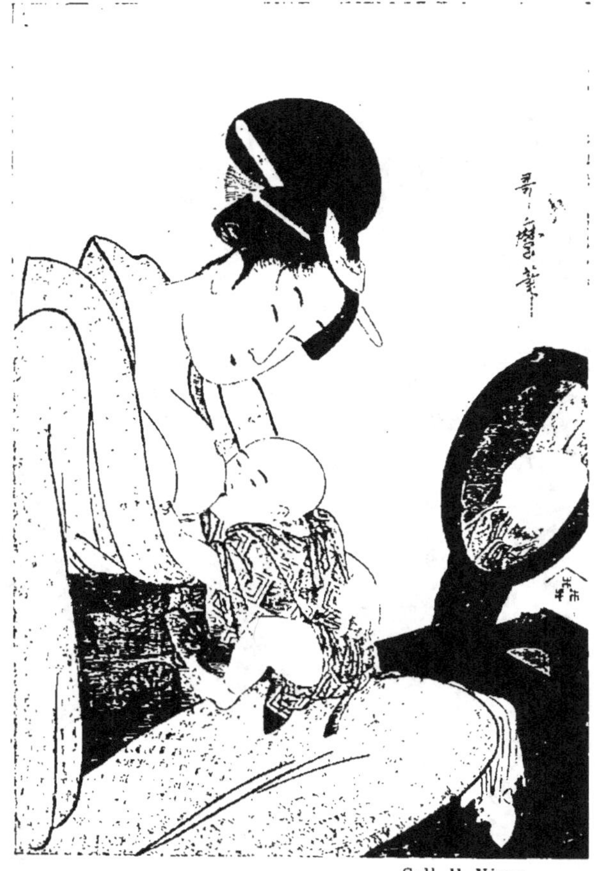

Coll. H. Vever.

Fig. 76. ALLAITEMENT, par Utamaro.

de leurs *kakemono* et estampes, ainsi que de leurs
bronzes. Cette expression éminemment décorative

s'exagère à nos yeux européens encore, parce qu'elle

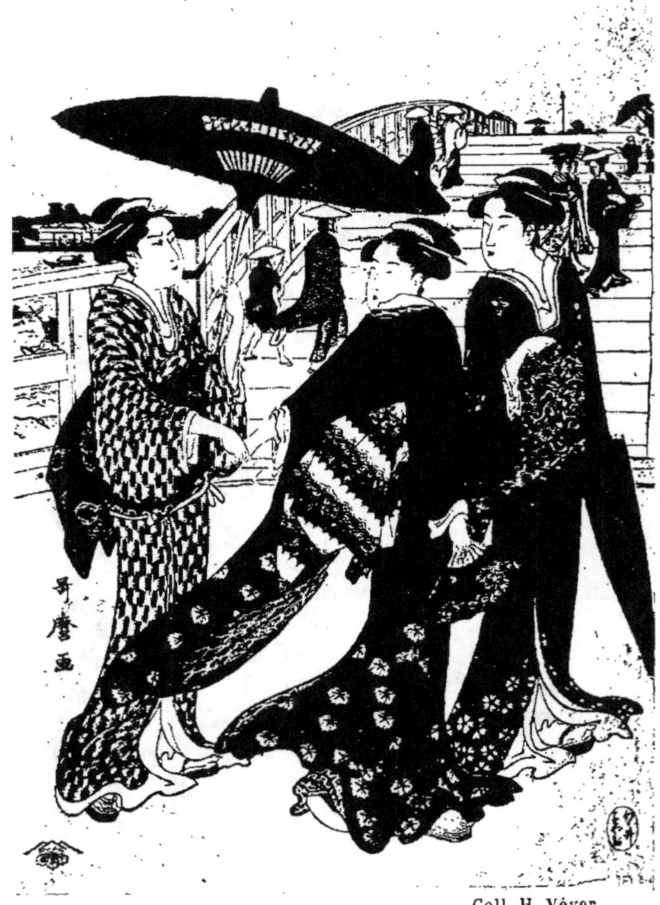

Coll. H. Véver.

Fig. 77. La rencontre, par Utamaro.

ne doit rien à la photographie ni à la vérité

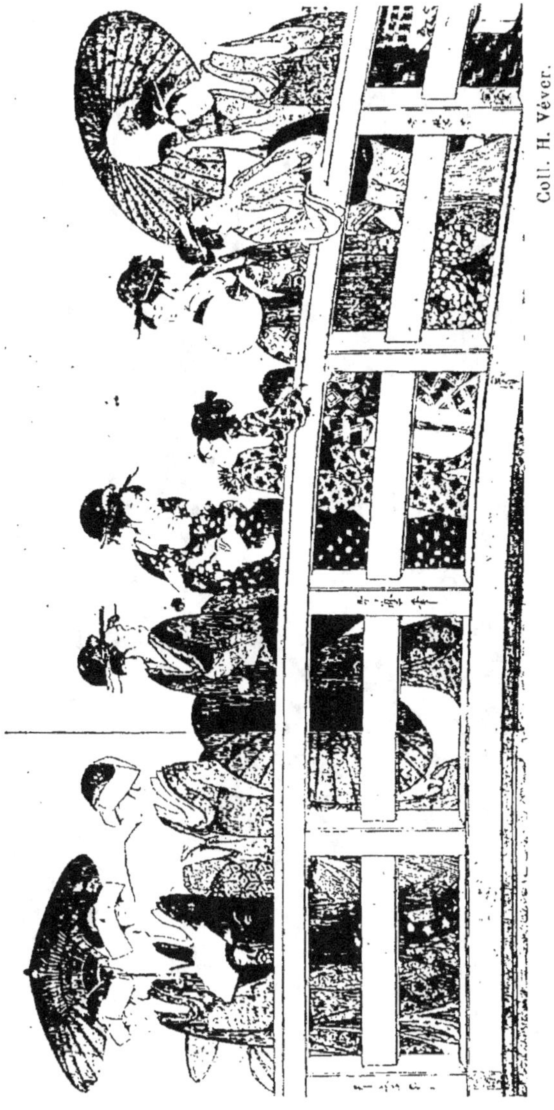

Coll. H. Véver.

Fig. 78. Sur la passerelle, par Utamaro.

telle que nous l'envisageons, tandis que pour les Japonais, cette interprétation de la nature, cette

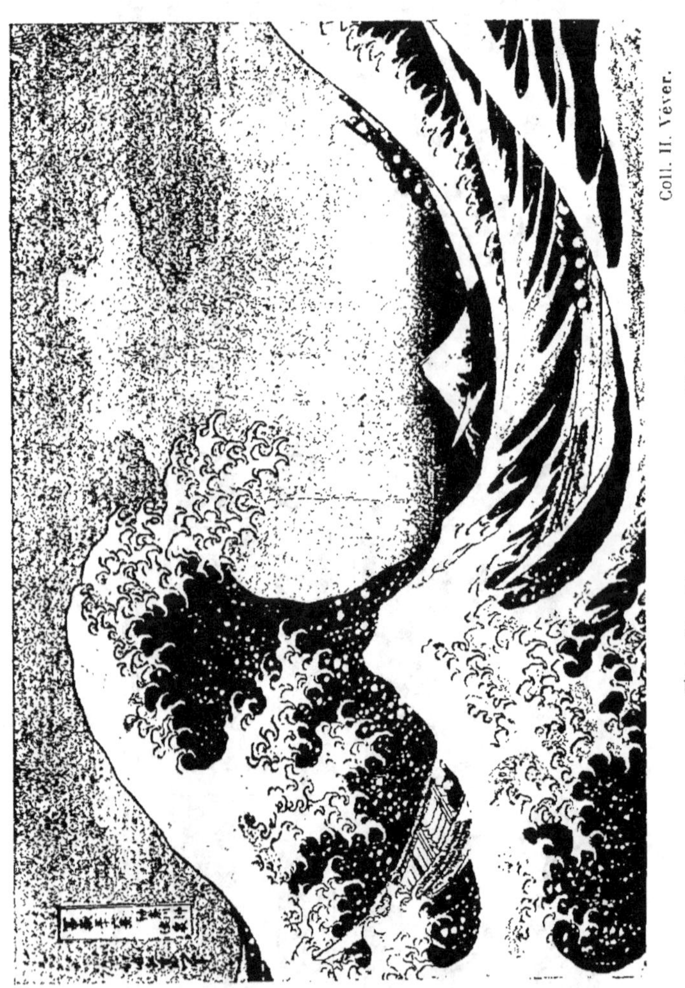

Coll. H. Vever.

Fig. 79. Une vague, par Hokusai.

irrégularité dans l'arrangement, sont le propre de leur manière de voir et l'ordre même de leur composition.

Les Japonais écrivent de haut en bas et de droite à gauche, et leur dessin, nous le savons, est particulièrement chez eux une écriture. L'écriture et la typographie japonaises s'harmonisent avec leur manière de lire et de voir. Or, la nouveauté des arts de l'Orient et de l'Extrême-Orient, leur synthèse, leurs libertés prises avec la perspective vis-à-vis de l'ordonnance qui nous est propre, furent une révélation du fait que notre vision spéciale et accoutumée était délicieusement bouleversée.

Nous reviendrons maintenant aux emprunts de l'art français à l'étranger et particulièrement à l'Extrême-Orient.

Si Louis XIV avait fulminé contre la peinture réaliste d'un David Teniers, contre « ses magots », et si Mme de Pompadour ne vit ses idées « à la grecque » triompher réellement que sous Louis XVI, les chinoiseries dont s'éprit aussi la courtisane, conduisirent, dès le XVIIe siècle et sous Louis XV, à d'admirables imitations des laques de Chine, et ce fut alors une merveilleuse transformation décorative bien caractéristique de ce temps (1). Après les compositions

(1) La rupture des axes auxquels, rigidement, le décor français — jusqu'au XVIIe siècle exclusivement — était assujetti, coïncide bien avec la naissance de l'art *rocaille* du début du style Louis XV, inspiré de l'Extrême-Orient aux règles d'ordonnance et de perspective différentes des nôtres.

de Gillot et de son élève Watteau qui célébraient, entre deux conceptions essentiellement françaises,

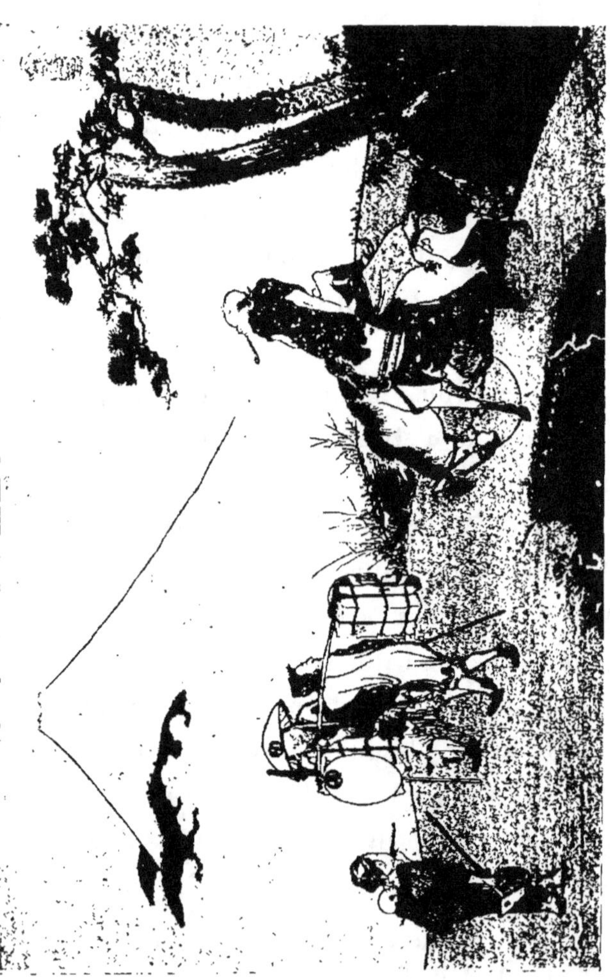

Fig. 80. LA CARAVANE, par Hokusaï.

Coll. H. Véver.

les usages et les jeux de l'Occident travestis à notre goût national, après le décor simiesque cher à Cres-

sent et les décorations chinoises de Pillement, de
Huet: les fameux laques français, à décor français,
dus aux frères Martin.

Puis, sous Louis XVI, un Riesener orna souvent ses

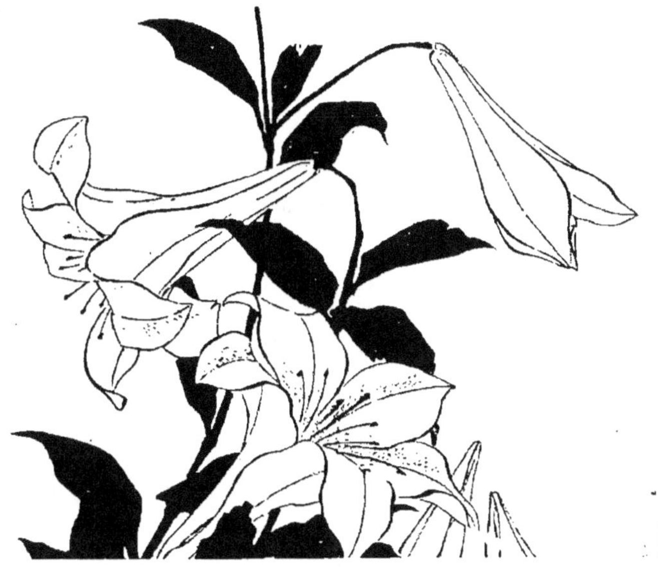

Coll. H. Vever.

Fig. 81. FLEURS, par Hokusaï.

secrétaires de panneaux de vieux laque du Japon,
ainsi que Martin Carlin, un autre célèbre ébéniste du
règne de Marie-Antoinette, bien qu'il préférât,
dans sa manière, l'ébène, les parures de mosaïque en
pierre dure et de laque.

Nous nous arrêterons aux décors genre chinois et au
vernis Martin qui, au XVIIIe siècle, affirment une

éclatante imitation des vernis et laques de la Chine et du Japon dont nos meubles notamment, nos carrosses et .nos chaises à porteurs s'embellirent magnifiquement.

Mais remontons aux origines du laque et à ses initiateurs.

L'art du laqueur — d'une technique périlleuse pour la santé — fut pratiqué dans l'Inde, en Chine et au Japon, dès le viie siècle de notre ère; ce fut ce dernier pays qui le porta au sommet de la perfection. Après un arrêt, durant la période troublée du moyen âge, les xive et xve siècles lui rendirent son essor plus mâle, d'un tour plus classique avec le xviie siècle, tandis que les suavités et les quintessences du xviiie siècle devaient lui prêter davantage de charme, en même temps qu'elles en raréfiaient l'emploi.

Des meilleures époques datent les diverses manifestations que cette matière illustre : laques peints — noirs et rouges — unis ou ornés de sujets en relief; laques d'or, d'argent, aventurinés ou incrustés de nacre, d'ivoire, d'écaille, de plomb, d'étain, de pierres précieuses.

L'art du laqueur, après avoir embelli, au Japon, les portes, colonnes et lambris des palais et des temples bouddhiques, s'étendit aux ponts, puis gagna les cabinets, étagères, coffres, chaises à porteurs, pour condescendre aux divers plateaux et boîtes, jusqu'au fourreau des sabres, jusqu'au peigne des femmes.

« On a dit avec raison, écrit Louis Gonse, que les laques étaient les objets les plus parfaits qui fussent sortis de la main des hommes ; ils en sont tout au moins les plus délicats. Leur fabrication est, depuis de longs siècles et aujourd'hui encore, la gloire des Japonais... »

L'époque des célèbres laques du temps de Yoshimasa ne nous a laissé aucun nom d'artiste, mais, vers la fin du xvie siècle, voici Kôetsou ;

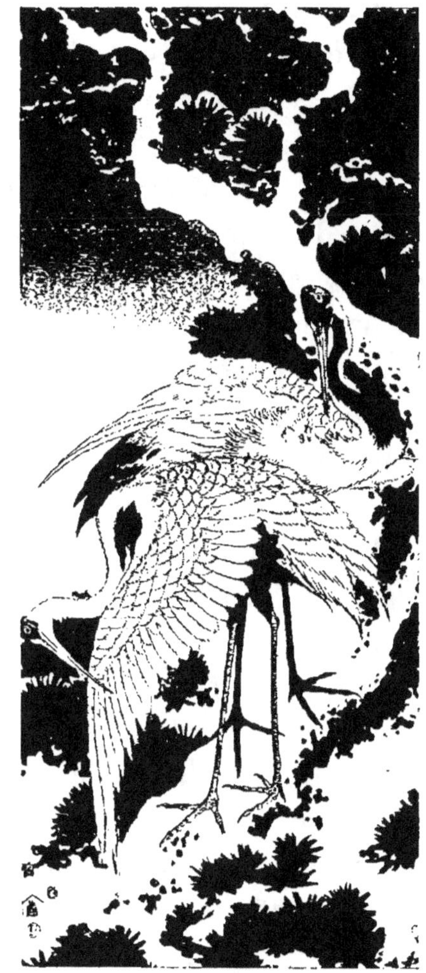

Coll. H. Véver.

Fig. 82. GRUES, par Hokusaï.

puis Kôrin et Ritsouô (fin du xviie et début du

xviiie siècle) qui poursuivirent la renommée des Kôhi et des Yoseï; sans oublier Hanjan, Koma Kouansaï (xviiie siècle), Shiounshio (du xviie au milieu du xviiie siècle), Kouanshio, Tôyô (fin du xviiie siècle), avec Yoyousaï et Zeïhin (début du xixe siècle).

La pureté, la profondeur limpide et la vigoureuse chaleur du laque ou vernis *ouroushi*, aux couches superposées, a inspiré nos « meubliers » modernes qui lui doivent de notables enrichissements. A défaut d'un mobilier proprement dit, et quoique l'art de « japoner » ou de laquer fût originairement emprunté à la Chine, les Japonais ont en propre réalisé leur style mobilier grâce au miracle d'une parure reconnaissable. Le moindre bâti laqué, le tabouret le plus sommaire revêtu de la précieuse application résineuse, constitue un meuble en vertu de son fini supérieur. Aussi bien, le souci de la forme, chez ce meuble, s'efface devant le brio de sa matière, devant l'éclat du décor qui le pare. Un chef-d'œuvre de charpente merveilleusement habillé, voici quelle pourrait être la définition du meuble japonais, petit monument d'architecture tout comme l'architecture monumentale japonaise elle-même, qui n'a d'autre prétention que d'éblouir décorativement et d'étonner par les artifices du bois habilement prodigué et travaillé.

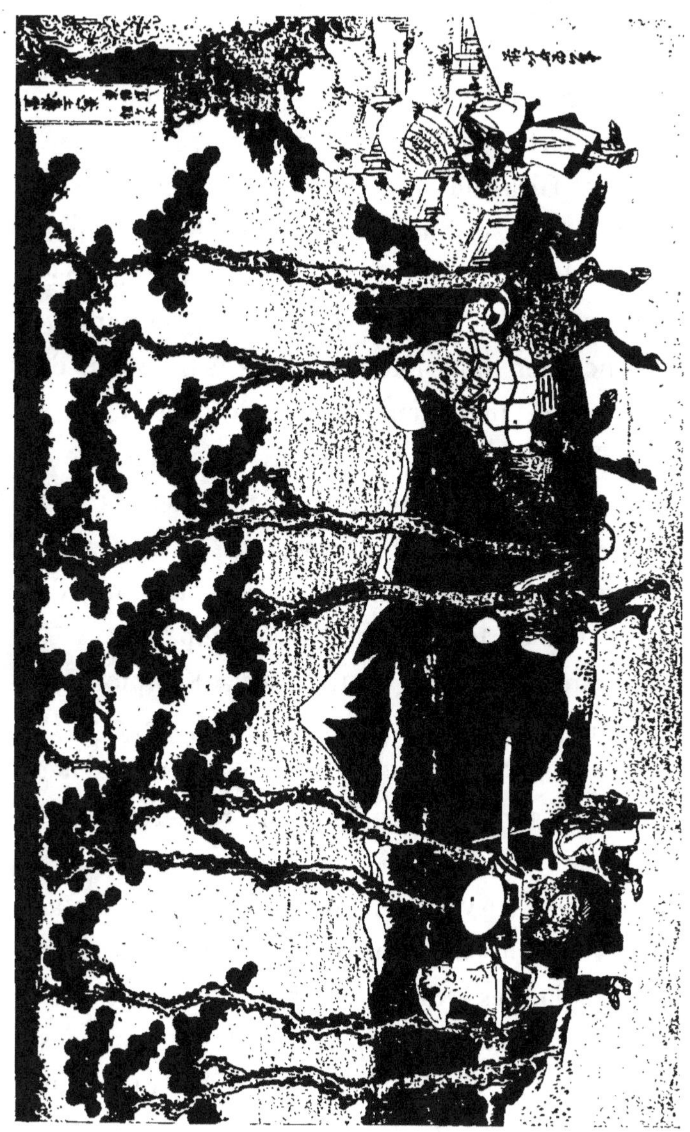

Coll. H. Véver.

Fig. 83. Paysage (au fond, le « Fuji »), par Hokusaï.

Nous examinerons maintenant nos artistes modernes vis-à-vis de l'exemple magistral, non sans avoir auparavant rendu hommage aux dignes émules des vernisseurs Martin, en France, les Watin, les Lacour, les Leguay et Girardin, dont le talent original alterna avec des panneaux de laque, plats, importés du Japon par le canal de la Hollande, que les ébénistes de chez nous, au xviie siècle et sous Louis XVI, se contentaient d'encadrer dans leurs meubles, sans souci de leur destination précédente. Mais, lorsque vinrent les styles Régence et Louis XV, les commodes ventrues, les secrétaires galbés réclamèrent des façades spéciales, et l'on dut, coûteusement, envoyer en Chine et au Japon vantaux de portes, devants de tiroirs, à l'effet de la précieuse décoration.

Nous avons dit qu'au xviiie siècle l'emploi des laques se fit plus rare sur le meuble, et, pour cette raison, les chefs-d'œuvre parés de laque, des Riesener et des Carlin, sont particulièrement recherchés des amateurs.

Ces « meubles en vernis façon de la Chine » s'effacèrent, dès 1660 (époque où les ébénistes parisiens imitèrent les laques exotiques d'importation si onéreuse), devant le superbe vernis baptisé du nom des Martin, dont la révélation date de 1748 et qui, plus fragile que le modèle, n'atteignit point, en somme, à la célébrité des laques dites de Coromandel, aux

divers coloris comme cloisonnés dans le bois, que
nous devons à l'Inde.

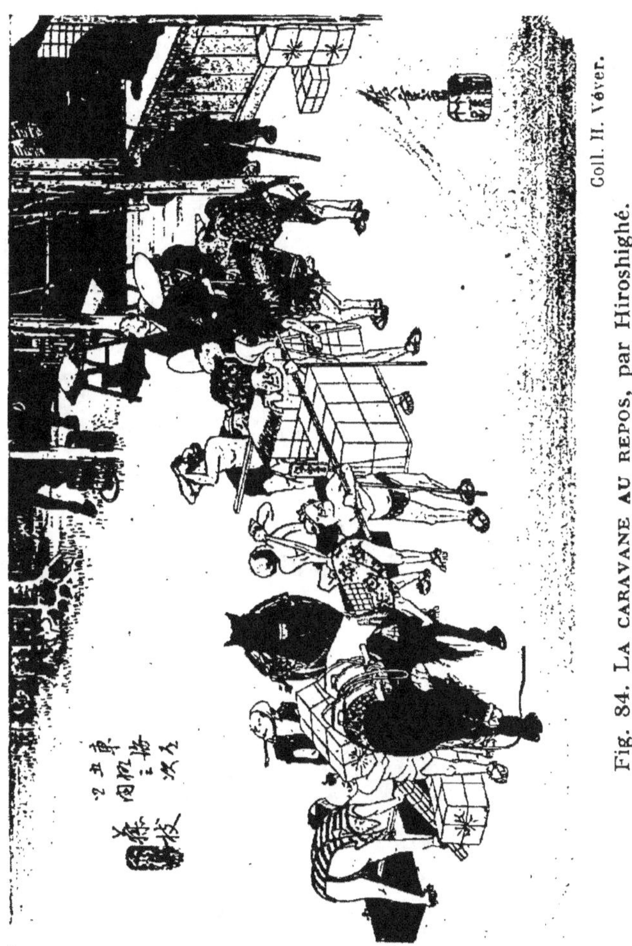

Fig. 84. La caravane au repos, par Hiroshighé.

Coll. H. Véver.

Logiquement, les emprunts faits par notre mobilier moderne ne pouvaient l'être qu'à la matière

même : le laque et l'esprit du décor qui le revêtent; la rareté de l'exemple (point de lit, point d'armoire, point de sièges) échappant, pour ce qui concerne la forme, à notre inspiration.

L'artisan français exécuta donc des meubles, des paravents, des panneaux muraux laqués et décorés de motifs de chez nous. Il rejoignit la sobriété de l'ameublement asiatico-oriental, son style, par le truchement de lignes et d'effets personnels. Des bordures et incrustations d'ivoire, notamment, parèrent aussi des bois sombres survernis; des boutons d'ivoire, encore, servant à tirer des tiroirs, ou des glands en passementerie. Clément Mère « japonisa » délicatement dans une voie parallèle. Un Jacques Ruhlmann objectivant encore, ainsi qu'un Jean Dunand, avec d'autres partisans du meuble unique, précieux et rare, les procédés du Nippon adaptés à notre sens national.

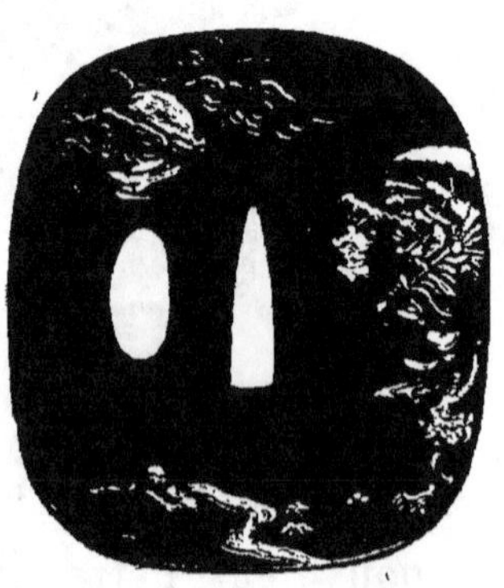

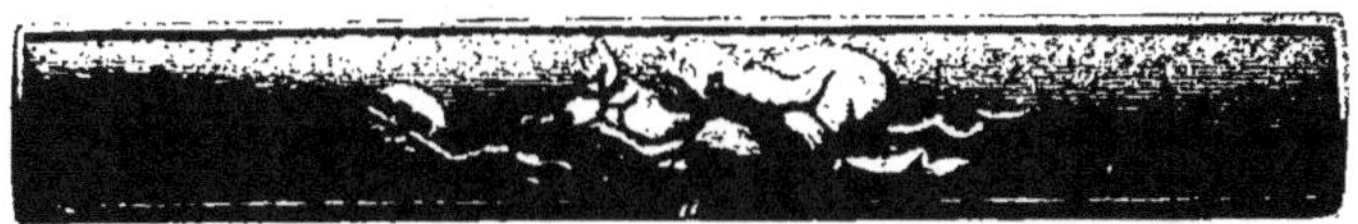

CHAPITRE VI

L'Art appliqué :
la Céramique, les Armes, Tissus, etc.

Si l'on peut, en quelque sorte, considérer que la peinture japonaise s'est cristallisée dans un délicieux poncif, il n'en est pas de même des multiples manifestations de son art appliqué. Les Japonais sont ici partout nos maîtres et les inspirateurs les plus directs de notre décoration moderne. Nous l'avons constaté dans le meuble; cela se vérifiera encore en matière céramique comme dans la liberté fondamentale de la « stylisation » que nous tenons notamment, de nos jours, de cet exemple supérieur.

Nous employons, à dessein, le mot « stylisation » pour ce qui nous concerne, parce qu'il définit exactement notre prétention étudiée, artificielle, à un style décoratif (décrété sur l'heure !), tandis que les Japonais sont des décorateurs synthétiques, innés et séculaires.

Le mode décoratif général chez les Japonais nous amène à souligner sa synthèse, son style, comparativement à notre « stylisation ». Synthèse veut dire simplification par élimination, sans altérer la vérité naturelle; stylisation signifie (barbarement d'ailleurs) interprétation — style instantané.

Les décorateurs japonais demeurent toujours vrais, — surtout dans leurs représentations florales et animales, — tandis que nous, nous partons de l'exemple de la nature pour aboutir à sa curiosité figurée à travers certaine déformation spirituelle du caractère.

Les Japonais ont résolu le problème des arabesques sans altérer la vérité, alors que les Persans, eux-mêmes, n'y sont point parvenus. Ces derniers stylisaient déjà, et notre temps a fait de même, poussant cette stylisation jusqu'aux dernières limites de la torture, souvent, tandis que la fleur chez les Nippons n'a subi aucune altération. Sa disposition par répétition, alternance, etc., sa combinaison avec d'autres fleurs, avec des oiseaux, des insectes, etc., provoquant des contrastes de couleurs, des massivités s'opposant à des légèretés, l'ensemble enfin jouant avec les trames du tissu ou avec des fonds, des différences de valeurs, du sombre au clair, etc.

D'où il ressort qu'en dehors d'une conception

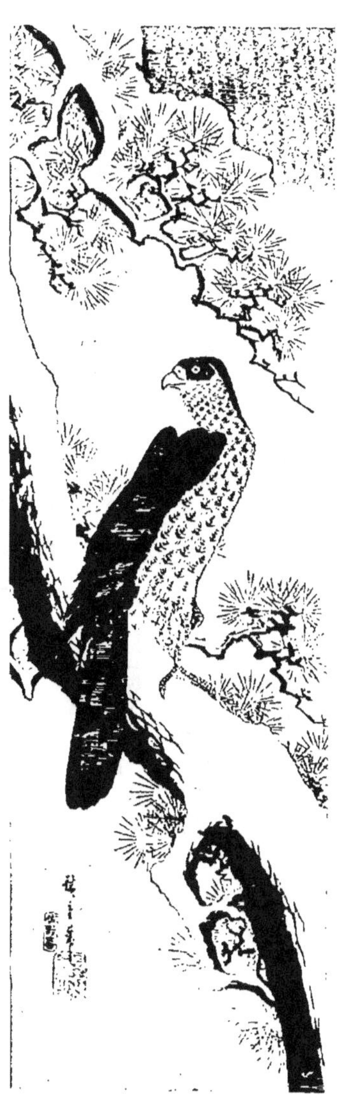

Coll. H. Véver.

Fig. 85. FAUCON,
par Hiroshighé.

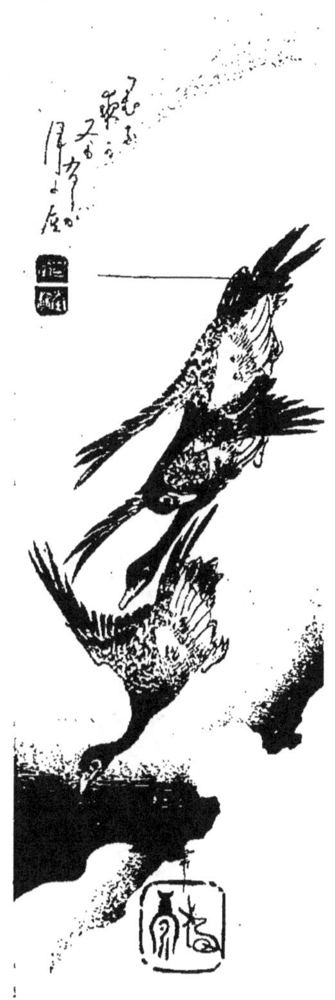

Coll. H. Véver.

Fig. 86. CANARDS,
par Hiroshighé.

spiritualiste de la forme humaine aboutissant à un

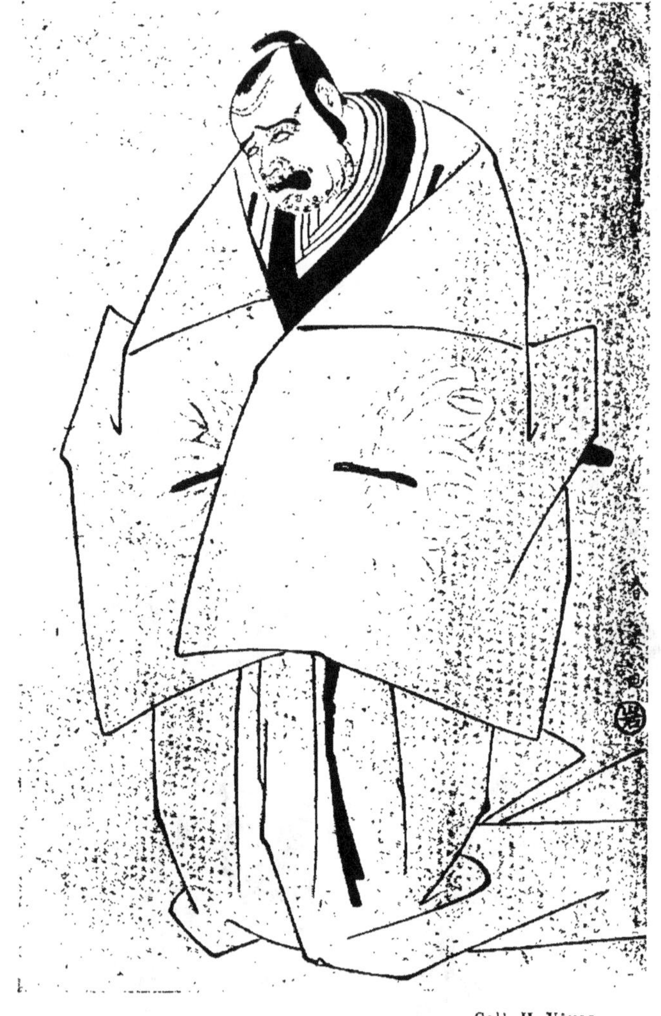

Coll. H. Vever.

Fig. 87. UN ACTEUR, par Shyunyei.

système de beauté artificielle intronisée par le bouddhisme, le Japon a sacrifié au naturalisme avec

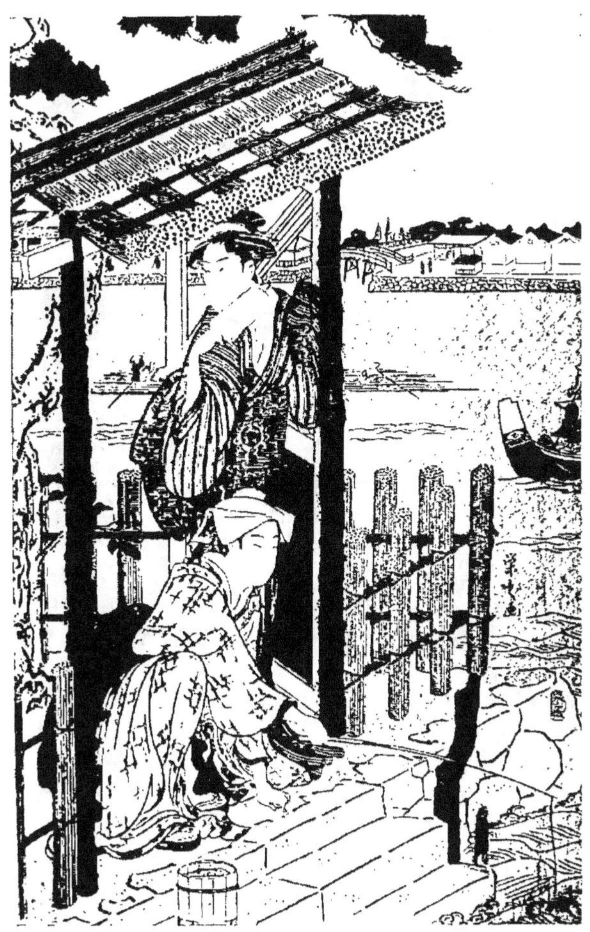

Coll. H. Véver.

Fig. 88. PLAISIR ESTIVAL, par Eishi.

un respect et une foi absolus. Même scrupule dans
le bibelot. Ce bibelot résultant d'un grand art cal-

culé à petite échelle ; ce bibelot dont, à son insu et

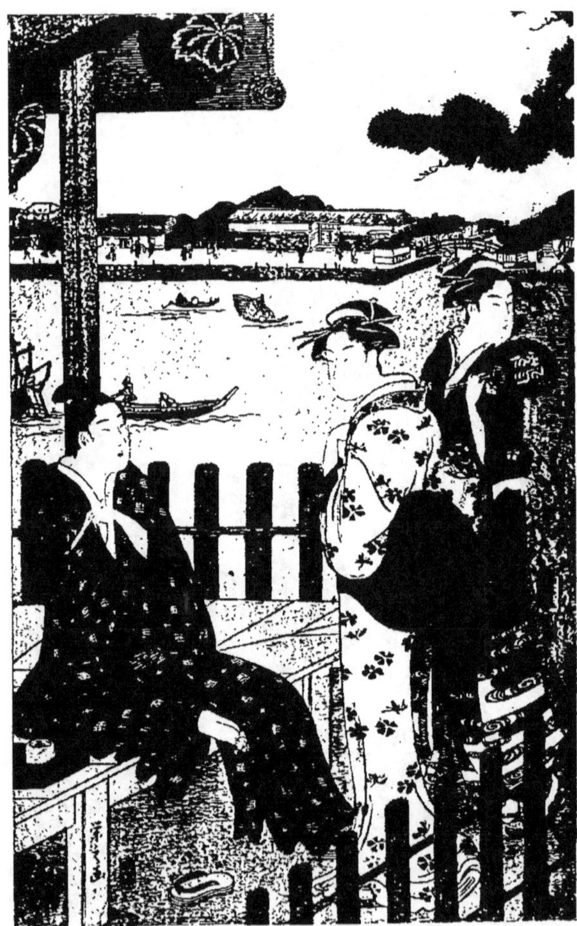

Coll. H. Véver.

Fig. 89. EN ÉTÉ, par Eishi.

par tempérament, le Nippon releva le niveau par
la maîtrise.

Au vrai, plus on y réfléchit, plus la *yashiki* nous semble un bibelot d'architecture, plus le Bouddha gigantesque nous apparaît un bibelot agrandi à l'échelle d'un jardin lilliputien.

Nous répéterons, d'ailleurs, que surtout représentée par la fonte, c'est dans le bronze et les multiples expressions usuelles conseillées par sa matière à la fois robuste et simple d'appropriation, que la statuaire a davantage pris son volume et triomphé sans amoindrir sa visée d'art où se multiplient vases, candélabres, brûle-parfums, lanternes, etc.

Pareillement, c'est dans la sculpture ornementale en bas-relief (bois, ivoire) que le Japonais est sans rival, nous l'avons dit au chapitre de la statuaire, en dépit de l'étonnement superbe qui jaillit à la vue de ses bouddhas immenses, si parfaitement harmonieux dans le décor ambiant.

L'art de travailler le métal n'est pas moins inégalable chez les artisans japonais, dont la patience aussi n'a jamais été dépassée. Leur méticulosité les prédestinait enfin à des ciselures précieuses et réduites plutôt qu'à de vastes expressions. Le nom célèbre d'Hidari Zingoro, que nous citâmes au chapitre de la sculpture, fortifie cette appréciation, et il faudrait grouper, à l'entour de ce grand maître qui s'énonça en bijouterie dans le bâtiment, tous ces joailliers en infiniment petit, connus ou inconnus, que nous

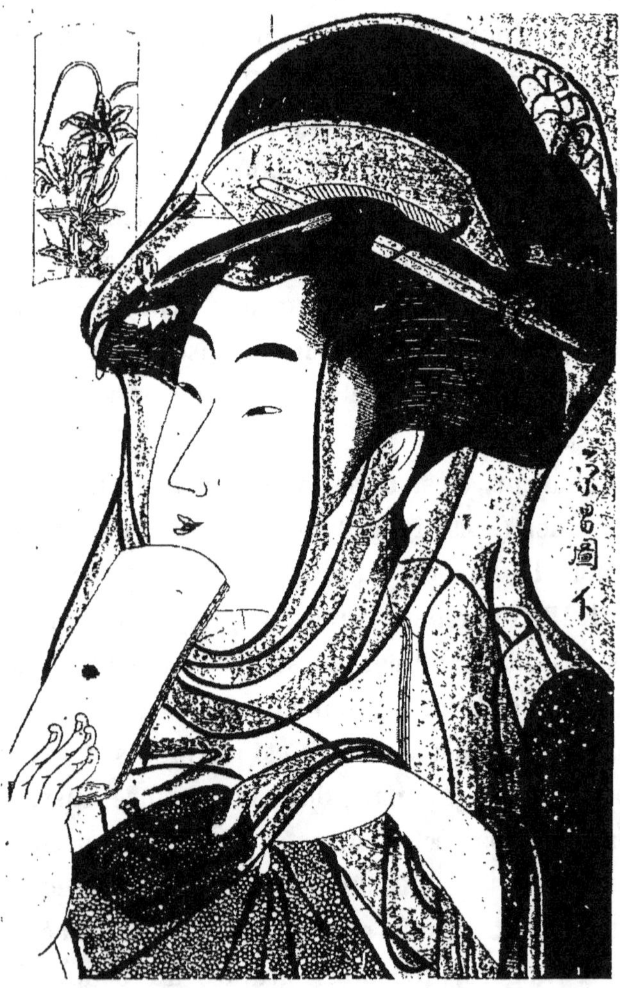

Coll. H. Véver.

Fig. 90. JEUNE FILLE, par Eishi.

vîmes fouiller au cœur des *netskés*, à la tête des

épingles à cheveux, aux flancs d'un vase, qui meu-

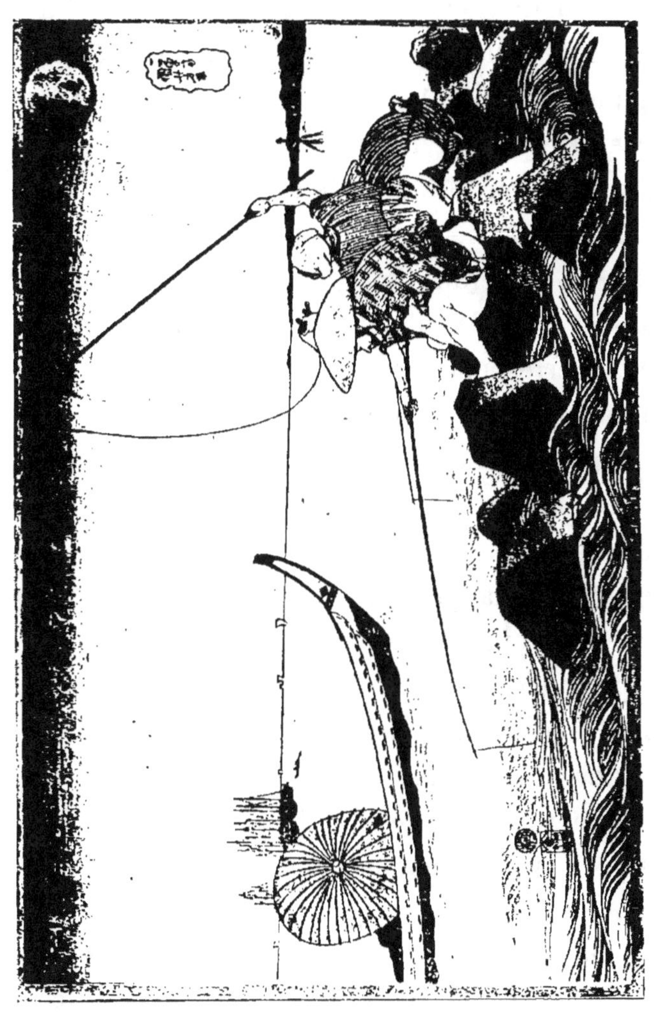

Coll. H. Véver.

Fig. 91. PÊCHEURS, par Kuniyoshi.

blèrent des poignées de sabre, des manches d'ombrelle, de toute une représentation microscopique, avec une vision de grandeur inégalée.

Avant de poursuivre la sculpture dans la ciselure du métal, nous toucherons quelques mots de la céramique japonaise (fig. 117 et 118), dont la matière radieuse et fragile diversifiera notre admiration.

Évoquons d'abord les grès de la Chine, de la Corée et du Japon, d'une origine aussi lointaine que la céramique en général. Ces grès dont les flammés, les curieux « ratés » de cuisson, dont les formes mêmes, nous sont offertes par nos artistes modernes comme des prémices ! Sans compter que nos céramistes ont largement profité encore des *craquelés* et *truités* dont les maîtres potiers de l'Extrême-Orient embellirent leurs porcelaines.

Toshiro fonda la première manufacture de grès, à Seto (d'où le nom de *setomono* donné à ses produits) dans la province d'Owari. Il avait subi l'influence de la Chine et aussi celle des Portugais avant d'inaugurer sa fabrication, mais les grès de la Corée surtout l'impressionnèrent. La Corée fut la véritable initiatrice des potiers japonais qui l'emportent sur les porcelainiers.

Néanmoins, il convient d'apprécier l'originalité qui présida aux créations de Bizen (d'où sortirent ces animaux et ces personnages spirituellement traduits, dont la couleur brune tirant sur le rouge est rendue encore plus éclatante par la glaçure de la pâte), de

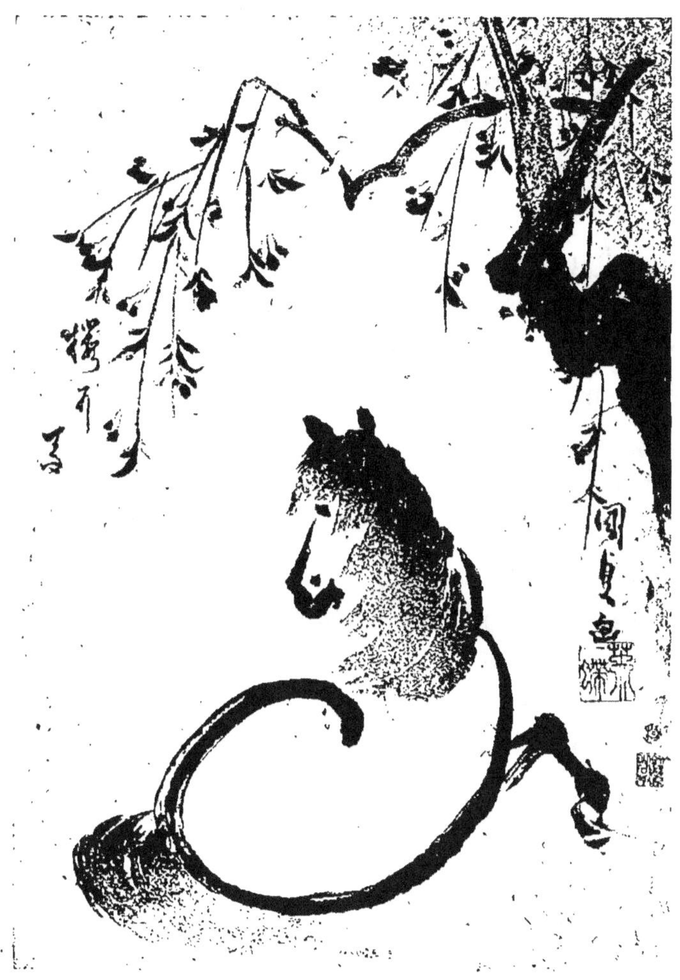

Coll. H. Vever.

Fig. 92. ÉTUDE DE CHEVAL, par Kunisada.

Kiyomidzu, de Avata, etc., où naquirent tous ces

vases, plats, pots, bols et potiches modelés ou peints par les Banko, les Ninséï (fig. 118), les Yeï aku, avec le même art qui présida à l'essor inoubliable de ces statuettes de bouddhas pansus, de chimères, de dragons convulsés, particulièrement appréciés aux xviie et xviiie siècles.

La porcelaine du Japon, selon la tradition, serait aussi originaire de Corée, mais c'est seulement après avoir étudié les procédés de la Chine que les chefs-d'œuvre japonais, issus de cette matière, progressèrent au xvie siècle. Ils débutèrent à Kutari, en 1510.

Parmi les fabriques les plus connues, on cite encore celles d'Imari (dites *Nishiki-de*) créées à Arita, également au début du xvie siècle; celles de Kaga, de Midzoro, de Seïgandji, de Kutani, remontant au xviie siècle, ainsi que celles de la province de Hizen; celles de l'île de Hirado, de Kioto datant du xviiie siècle, celles d'Owary du début du xixe siècle et encore en activité de nos jours, ainsi que celles de Nabechima.

Les porcelaines de la province de Hizen représentent les célèbres pièces dites *vieux* japon; elles sont à décor coréen (nous mentionnerons plus loin les imitations de ce genre en Europe), et, attribuées à Kakiemon, elles seraient dues à des potiers coréens exilés au Japon.

Vers le milieu du XVIIe siècle, l'imitation sino-

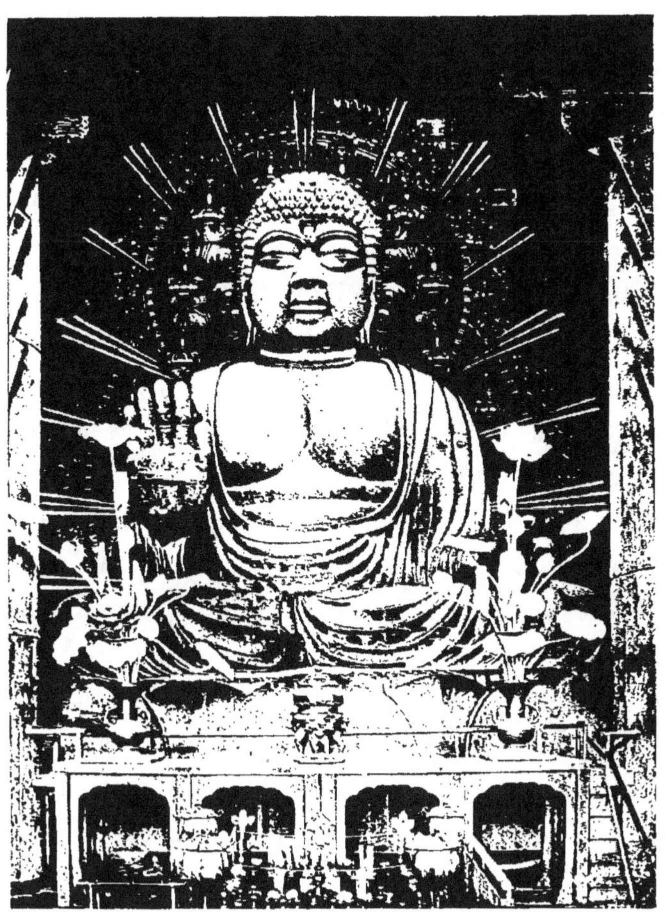

Coll. Germaine Eymery.

Fig. 93. GRAND BOUDDHA DE NARA.

japonaise fut le mot d'ordre de la faïence européenne.
Delft, Milan et Nevers, entre autres centres, copièrent

avec ferveur non seulement le décor des porcelaines de la Chine et du Japon, mais encore leurs formes, au point, souvent, de dérouter les amateurs. Le style dit coréen, inauguré à Hizen avec les précédents, n'impressionna pas moins les premières porcelaines de Saxe, de Chantilly, de Chelsea et de Bow, jusqu'au moment où les besoins nouveaux, importés d'Extrême-Orient, inspirèrent à l'art céramique des récipients inédits (tasses à thé, théières, etc.). Le plus grand céramiste du Japon, l'initiateur national de cet art, est Ninséï [fig. 118] (né à Kiotô, vers la fin du XVIe, mort vers le milieu du XVIIe siècle). Les produits qu'il créa et dont Louis Gonse donne ainsi la caractéristique (une poterie à couverte fauve, finement craquelée, décorée de fleurs où dominent les émaux bleus et verts rehaussés d'or) ont poursuivi leur gloire générique sous le nom de « vieux Kiotô ».

Aussi célèbre, sinon davantage, est la faïence de la fabrique de Satsouma que les Européens connaissent particulièrement. Parmi les plus éminents céramistes japonais, on cite encore : Kinkozan, Kakiyémon, Shinnô, Kenzan.

Décrire la fantaisie étourdissante, l'éclat du décor de ces pots et potiches, de ces plats, tasses et théières, où la beauté de la matière le dispute à l'élégance de la forme, déconcerte la plume. Nous renvoyons, pour la consultation esthétique qui s'impose, en

dehors de nos gravures, aux musées de Cluny, du
Louvre et des Arts décoratifs, et particulièrement

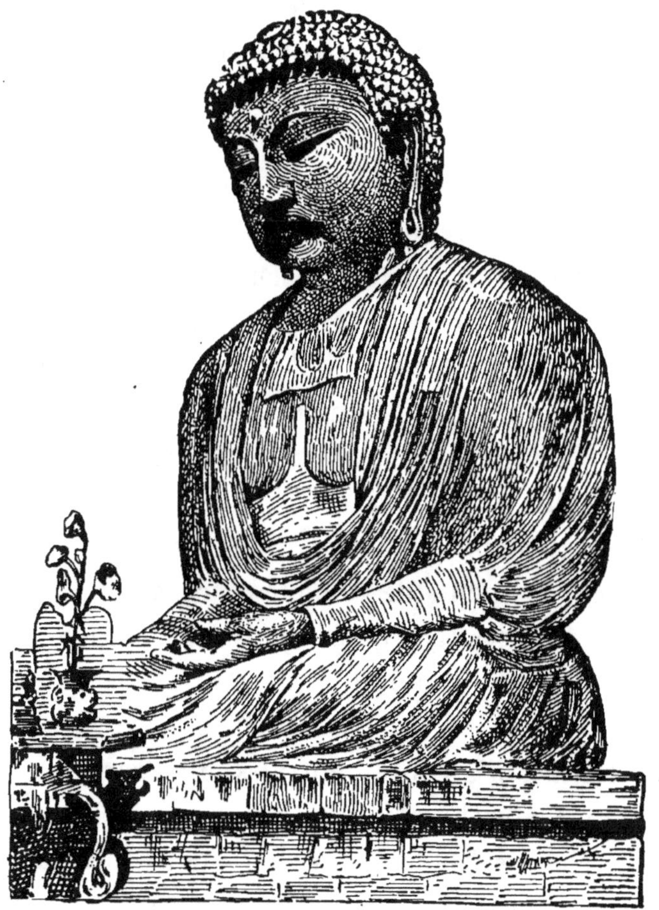

Fig. 94. Grand Bouddha de Kamakura.

aux musées Guimet, Cernuschi et d'Ennery spéciale-
ment consacrés aux arts d'Extrême-Orient.

Après l'admiration justifiée de matière et de décor, on fera néanmoins, certaines fois, des réserves quant à la manière dont ce décor est disposé sur la forme et sur cette forme elle-même. Du côté ornement, le parti fréquent d'une seule décoration recouvrant toute la surface d'un vase, depuis le pied jusqu'au col, est contestable. Non moins critiquable est la réalisation céramique d'une anse déchiquetée relevant plutôt du métal (si souvent donné comme sommet et base, à certains modèles). D'autre part, on observe fréquemment, dans des vases japonais (ou chinois), un corps et un col formant exactement deux parties égales, des courbes identiques composant un galbe discutable, et aussi un évasement du col exagéré comparativement à la base.

En général, moins de fermeté et de stabilité que dans les poteries grecques, mais, en matière de porcelaine, une adaptation fort judicieuse du décor.

Pourtant, l'originalité naît des divergences. La différente compréhension de l'équilibre de la composition chez les Japonais avec la nôtre crée déjà une personnalité indiscutable vis-à-vis de notre habitude de l'œil et, non moins, l'amusement discret, sinon malicieux, que nous soulignâmes, d'un décor particulièrement délicat dans une partie imprévue, solitaire ou cachée, au verso d'un panneau de laque,

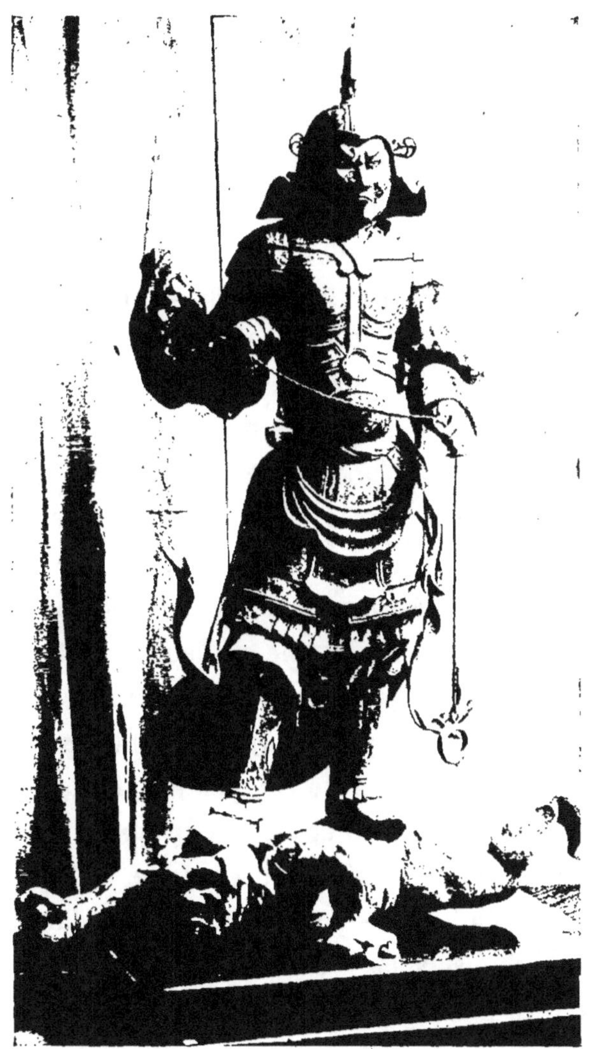

Coll. H. Véver.

Fig. 95. GARDIEN DE TEMPLE (bois sculpté et peint).

sous le rebord d'une soucoupe, sur la paroi intérieure d'une tasse, etc.

Néanmoins, au delà du charme éprouvé, de prime abord, ce mode ornemental semble en contradiction avec notre rationalisme qui s'élève, en principe, contre la surprise d'un décor au détriment de la volonté d'un aspect harmonieux général. Tout autant jugerons-nous contestable la parure d'une assiette dépassant le marli jusqu'à dénaturer la couleur de la sauce qu'elle doit logiquement contenir. Aussi bien peut-on estimer que décorer ce qui n'est point destiné à être vu, constitue un non-sens, et nous rejetons les assiettes « décoratives », ainsi dénommées parce que sans but utile, ni aujourd'hui, ni dans le passé.

Mais les assiettes japonaises (et chinoises) sont devenues, par la force même de leur art et de sa curiosité, des pièces « à accrocher ». Mais les vases nippons, en bois sculpté et ajouré, sont purement représentatifs d'une beauté concrète, et, de les avoir arrachés à leur utilité objective et raisonnée, il apparaît qu'ils échappent désormais à notre critique — européenne d'ailleurs — en s'enfouissant dans nos vitrines enthousiastes. Car nous aurions mauvaise grâce à retirer à tous ces bibelots le mérite d'une technique somptueuse, et d'autant rédemptrice vis-à-vis de nos lois décoratives, que ces dernières ont emprunté une partie des prétendues irrégularités

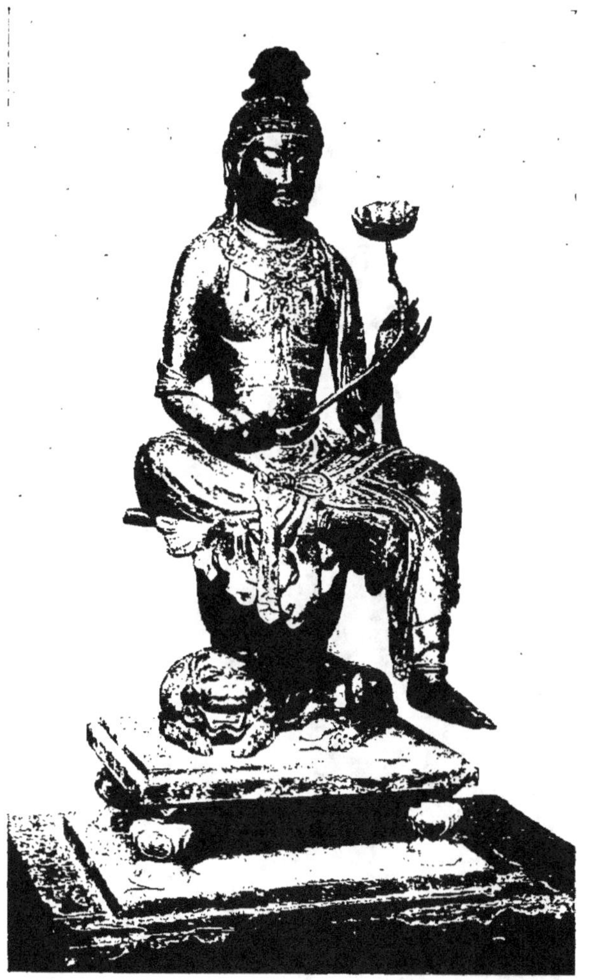

Coll. H. Vever.

Fig. 96. STATUE en bois sculpté, laqué et peint
(IXe ou Xe siècle).

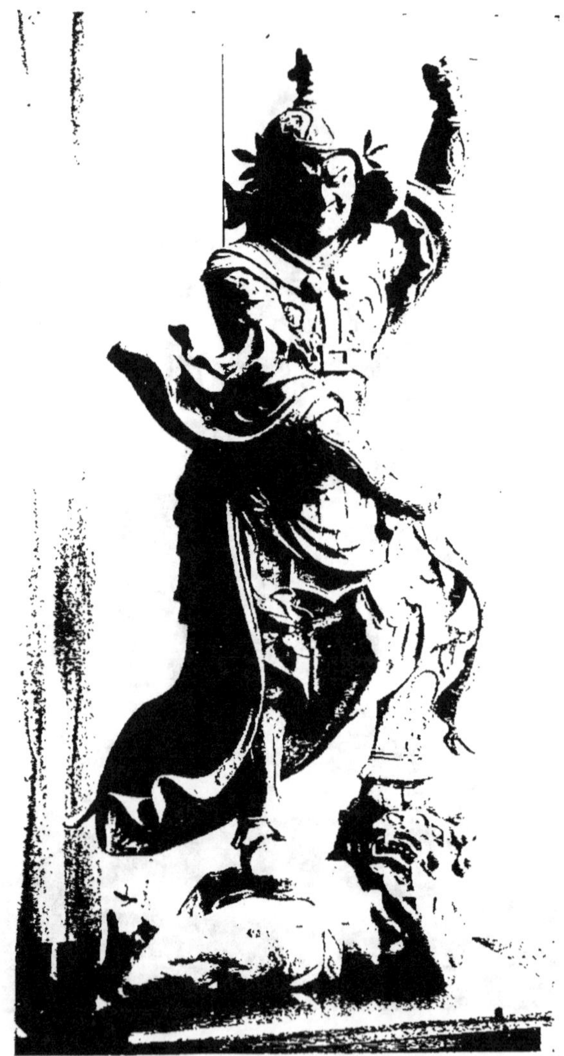

Coll. H. Véver.

Fig. 97. GARDIEN DE TEMPLE (bois sculpté).

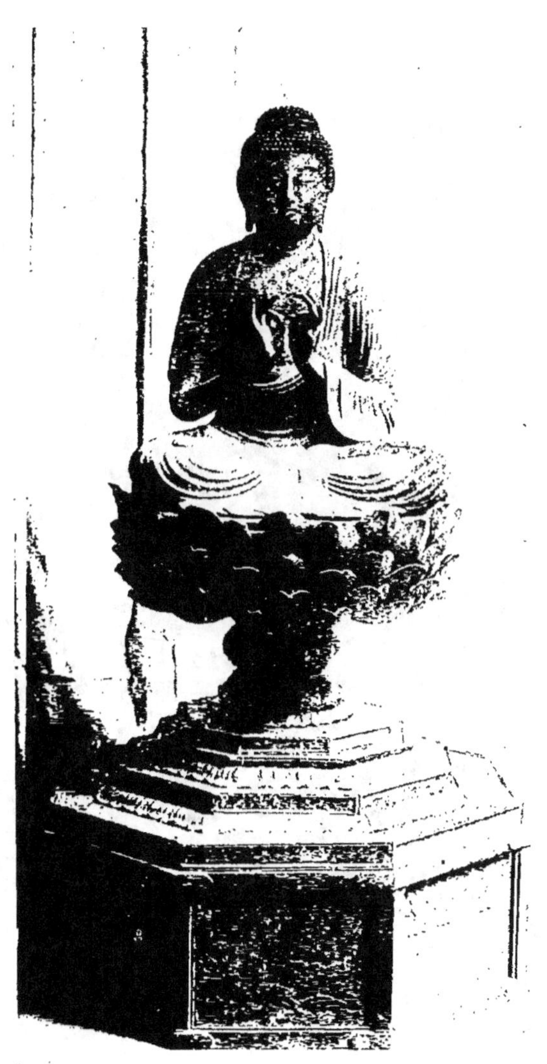

Fig. 98. Bouddha (bronze).

venues d'Extrême-Orient, pour constituer sinon leur règle, du moins leur fond.

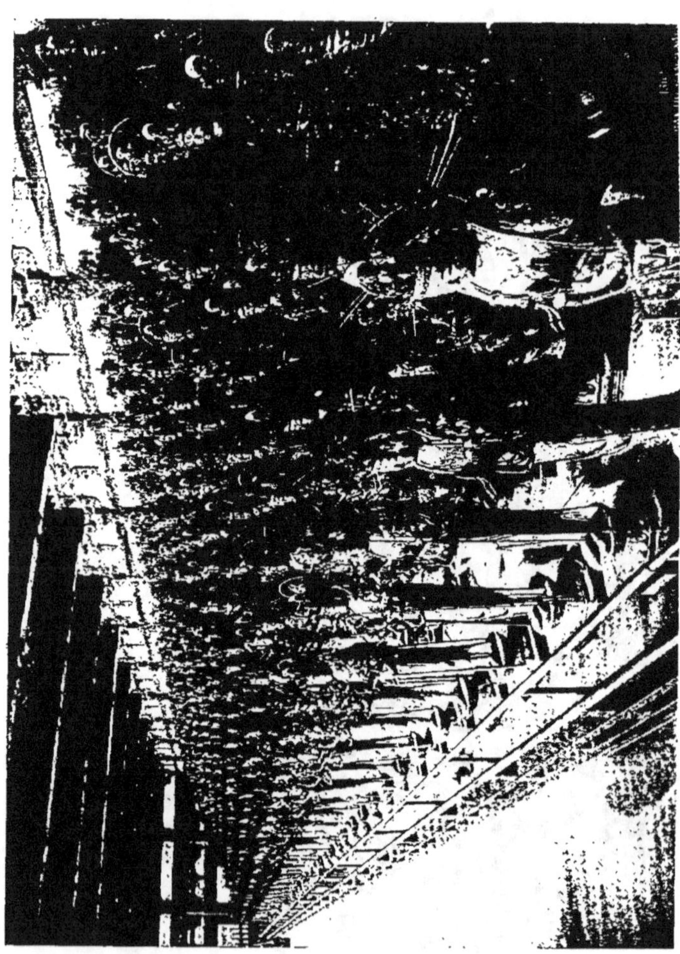

Fig. 99. TEMPLE DES 33.333 IDOLES, A TOKIO

Coll. Germaine Eymery.

Nous noterons, enfin, que le procédé des émaux cloisonnés, importé de Chine au Japon, au xvᵉ siècle, a permis à la patrie de Toshiro une abondante fabrication d'objets qui, en dépit de leur goût et de leurs formes et variété spirituelle d'adaptation, n'ont point atteint cependant à la fraîche coloration de l'exemple : boîtes à tabac et à onguents, cendriers, coupes et presse-papier, petits vases et étuis.

Nous avons précédemment célébré le bronze que les Japonais poussèrent dans les derniers retranchements de l'art, depuis des statues colossales, dès le viiie siècle, jusqu'à cette multiplicité de vases, de brûle-parfums, etc., qui, avec les Seïmin, les Tôoun, tout au début du xixe siècle, réalisèrent le resplendissement de cette matière dans le sens le plus délicieusement esthétique.

Nous parlâmes également du fer, avec quoi quelque membre de la famille des Myotshin « modela » sur l'enclume les plus délicates expressions. Le fer, dont attendrir au feu la robustesse convertie en fragilité ne fut qu'un jeu pour les Nippons qui s'adressèrent d'ailleurs au métal énergique, souventes fois, sans égard pour sa propre destination. Mais il fallut s'incliner devant un résultat étonnant. Et voici que, dans l'enchaînement de la matière, nous aboutissons aux gardes de sabres où nous puiserons d'autres étonnements. Le culte des armes, d'ailleurs, valut au fer les honneurs d'une trempe célèbre, et les Japonais, après la monture, ont non moins enrichi la lame

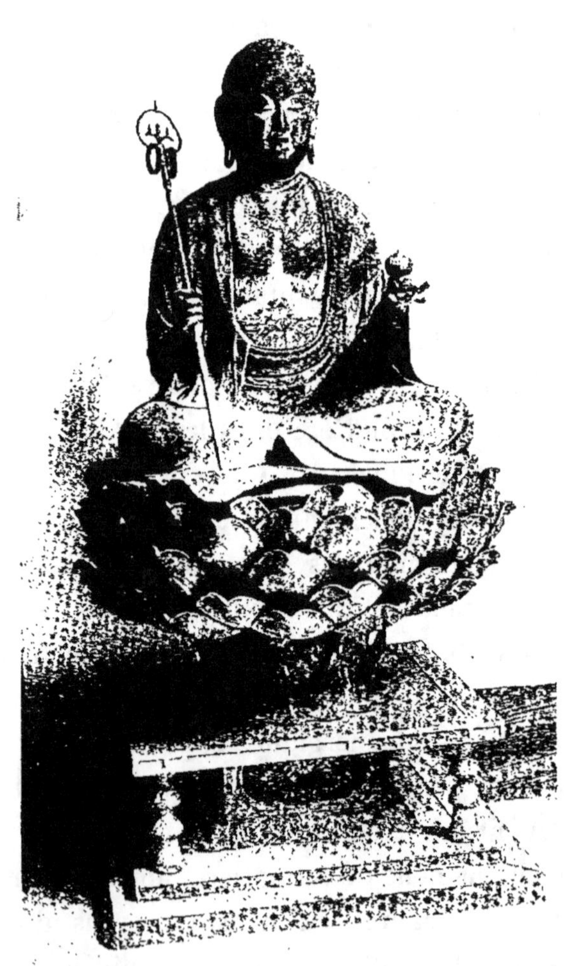

Fig. 100. Bouddha (bronze).

de leur cimeterre, de leurs *kodzouka*, de leur *katana*, de leur poignard, de même que le plat de leur hache, le corps de leurs canons, l'extrémité de leurs flèches et de leurs piques. Ils ont appelé à l'aide de leur génie des incrustations dans l'acier dont la variété, combinée avec la ciselure, est tout un poème de couleurs :

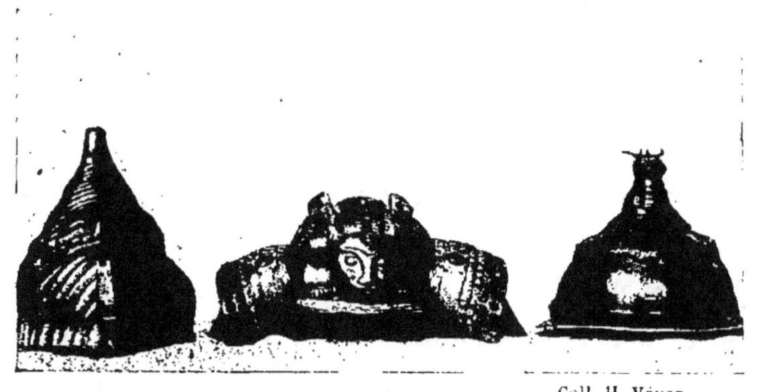

Coll. H. Véver.

Fig. 101. Casques de samuraï.

or, argent, *shakudo* (bronze d'or), *shibiutshi* (bronze d'argent), ces derniers alliages, entre autres, particuliers au peuple qui nous occupe. De la poignée à la garde, de la garde à la lame, de la lame au fourreau, le décor gagne l'armure tout entière, du casque aux gantelets et brassards. Le farouche *samuraï* (fig. 119) devient ainsi un guerrier somptueux qui fige le regard d'admiration avant de le glacer d'horreur. Que nous

importent les dragons furieux et les divinités féroce-
ment griffues qui ornent leurs cuirasses, leurs
« salades » et « bassinets », non plus que les masques
terribles et moustachus dont la valeur artistique
l'emporte sur leur but d'intimidation !

Après l'évocation de ces derniers chefs-d'œuvre
(souvent revêtus de laque, d'une articulation si
parfaitement conçue en dehors d'une éloquente
préoccupation de gravure et de damasquinage), nous
reviendrons aux gardes des sabres qui, avec les
netskés, tiennent lieu de bijou au Japonais ignorant
de sa futilité telle que nous l'entendons (1).

Voyez plutôt le *samuraï* s'enorgueillir d'une collection de gardes (voir nos culs-de-lampe de chapitres)
qui servent, l'une après l'autre, à orner le même
sabre, et entendez cliqueter, à la ceinture d'un com-
patriote d'Hokusaï, sa blague à tabac, sa boîte à
médecine, son étui à pipe, son éventail, au bout
d'une cordelière en soie, par un coulant, objet d'art
ou *netské*, dont il possède toute une série, pourvu
qu'il soit un connaisseur.

Voilà qui équivaut à un collier de perles ; et ce ne
sont point ces précieuses gardes de sabres en fer

1. En réalité, ainsi que tous les peuples primitifs dont ils imitèrent
la « sauvagerie », les anciens Japonais étaient friands de bijoux,
auxquels ils ne renoncèrent, par goût de simplicité, que depuis le
moyen âge. Mais ce luxe réapparaîtra sous d'autres formes avec
une délicatesse que nous notons au fur et à mesure.

repoussé, niellé, estampé, incrusté, ajouré, découpé, toutes dissemblables et chantant de fins motifs d'un rare amusement visuel, qui nous démentiront. Pareil enchantement se poursuit dans la contem-

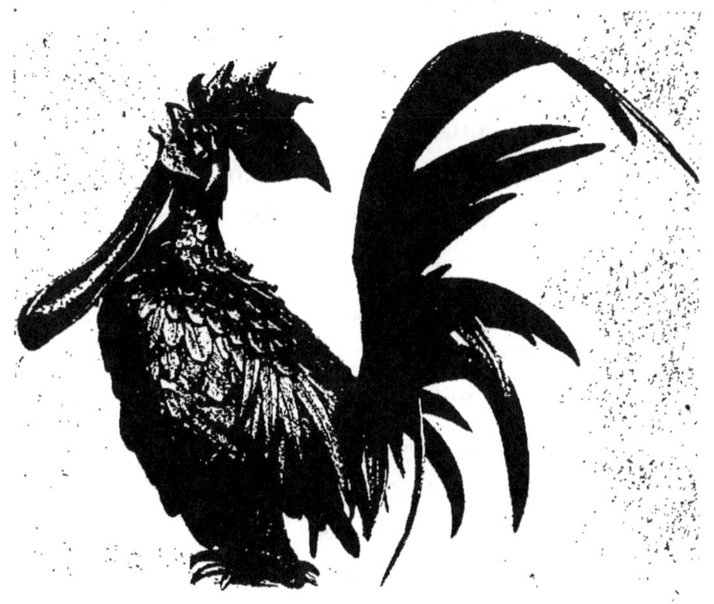

Coll. H. Véver.

Fig. 102. Petit bronze.

plation du moindre bouton, des *kanamono* fermant les bourses à la ciselure des tuyaux de pipe.

« Les hommes ne se parent pas comme les Indiens, observe L. Falize, les femmes ne portent ni colliers, ni bracelets, la table n'a pas de vaisselle d'argent, l'autel n'a pas de vases d'or; il n'y a donc aucun parallèle à établir entre l'art de l'orfèvre chez les Japonais, et cet art chez nous-mêmes; il serait puéril de vouloir préférer l'un à l'autre; créé pour d'autres besoins, régi par d'autres lois, cet art obéit à des traditions si opposées, qu'il n'en faut comparer ni les formes ni les décors, ni rien de ce qui constitue un style. »

Nous nous rencontrons ici avec l'auteur pour nous incliner devant l'originalité dont nous avons parlé, qui prend sa source dans une contradiction superbe.

En matière de vannerie, l'admiration ne tarit pas, tant dans la forme élégante et souple, que dans le tressage varié de tous ces petits paniers aux anses capricieuses, aussi volontiers élancées que ramassées, toujours gracieuses. La main-d'œuvre japonaise, en vérité, est extrêmement experte, depuis la confection de la plus infime caisse d'emballage, depuis l'éventail le plus vulgaire jusqu'à la riche monture d'éventail et aux appliques les plus parfaites d'une poignée ou d'un fourreau de sabre. La qualité d'un goût rare planant éclectiquement — au point souvent d'en établir toute la valeur — sur un objet modeste ou sur un objet de prix.

Parmi ces divers embellisseurs, les noms célèbres d'un Ritsuô (déjà cité comme laqueur), des forge-rons-ciseleurs comme Oumétada Miojiu (XVIe siècle), comme Ossashiro et Sômin (XVIIe siècle et commen-

cement du XVIIIe), pour les lames et gardes de
sabres, sont notamment à retenir. Au reste,

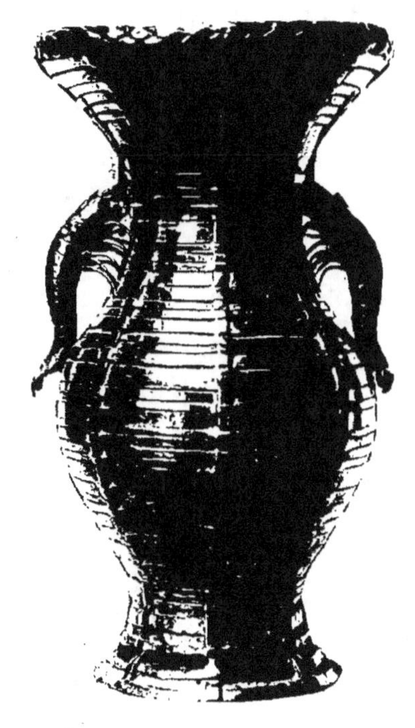

Coll. H. Vever.
Fig. 103. VASE EN BRONZE.

tant de chefs-d'œuvre anonymes nous enchantent,
qu'il semble importer peu de s'arrêter à des précisions d'auteurs puisque l'on ignore l'artiste qui la-
qua tel simple peigne de femme enchanteur, qui

dirigea telle courbe d'anse de corbeille dont nous fûmes ravis, qui conçut tel éventail, tel écran, qui prétendaient être vulgaires malgré leur couleur délicieuse, comme cette lanterne voulait être banale au mépris de la grâce de sa forme.

La chevelure de la femme jaune chante encore un long poème d'ornementation mystérieuse. Des peignes, jusqu'à trois (dans la première moitié du XVIIIe siècle), se disputent, avec des épingles, le lourd fardeau des tresses brunes. Et quels peignes (fig. 120)! Et quelles épingles! Les peignes sont incrustés de nacre, d'écaille, de cristal de roche, de corail, laqués de toutes couleurs, et, comme leur volume autorise le développement décoratif, on juge du parti qu'en ont tiré nos artistes! Ils sont à la tête d'une *mousmée* comme un fronton d'architecture, aux chantournements et ajours aussi variés que les dessins, fins et spirituels, qui les illustrent. Quant aux épingles, on les couronne souvent de quelque fleur d'argent ciselé lorsqu'on ne les laque point, et nous les avons admirées en bois sculpté, à côté des *netskés*...

Il faut tenir en mains ces bijoux, pour apprécier toute l'étendue de leur coquetterie raffinée. A qui s'adresse, maintenant, notre gratitude? Combien de *fukusa* nous apportent encore le regret de n'être point signés!

Qu'est-ce, d'abord, qu'un *fukusa?*

Une délicatesse bien japonaise de goût et d'art : une sorte de petit tapis en étoffe, voire, à l'origine, un grand carré de papier souple et résistant (nous avons parlé de la caractéristique du papier japon) dans lequel on enveloppait autrefois des présents accompagnés d'une lettre, dans une boîte, et adressés à des amis à l'occasion de grandes cérémonies familiales.

Cette boîte et le *fukusa* devaient être rendus à leur envoyeur qui s'employait à les marquer de sa magnificence et, comme le

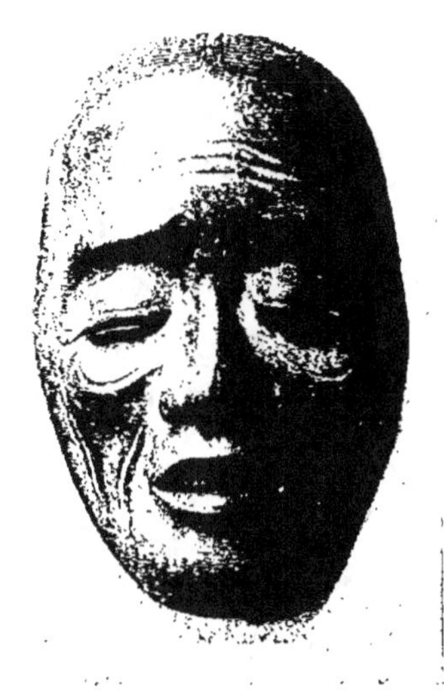

Coll. H. Véver.

Fig. 104. Masque japonais.

fukusa s'efforçait de renouveler, à chaque fois, cette magnificence, on juge de la joie des collectionneurs !

Le *fukusa,* en effet, étalait souvent un luxe décoratif étonnant pour un simple objet d'utilité. Mais n'avons-nous pas insisté sur l'art généralement apporté par les Japonais à fleurir l'utilité? Ici encore, nous serons édifiés sur l'unanime empressement des Nippons à embellir jusqu'à la moindre chose !

Admirez donc le *fukusa*, qu'il soit seulement orné des armoiries de son possesseur ou bellement enrichi de peintures (d'aucunes signées de grands maîtres), qu'il soit tissé ou brodé (vers la fin du XVIIe siècle), toujours doublé de couleurs riantes, à moins, répétons-le, que le papier ne le compose, ce papier à consistance d'étoffe que les Japonais ont si volontiers admis à remplacer notre linge.

Des *fukusa*, évocateurs des précieux *surimono* dont nous avons parlé, nous glissons à la splendeur parallèle des étoffes, à défaut des tapisseries tissées en soie et sans rapport avec nos points fameux, que l'on ne célèbre que pour mémoire.

L'élevage intense du ver à soie au pays de *Madame Chrysanthème* nous dispensera de souligner la texture des étoffes dont elle se pare. Au reste, la robe est aussi l'apanage masculin, et, pour les deux sexes, le charme vestimentaire emprunte à des harmonies, à un chatoiement de couleurs à rendre jalouses les fleurs. On sait le culte des Japonais pour la fleur, et, à ce propos, avant de la broder sur un *kimono*, nous irons la respirer dans les nombreux marchés qui se tiennent au Japon, tout autant dans les beaux quartiers des villes que dans les centres populaires, où des emplacements lui sont réservés aussi pour des concours d'arrangement. « Des prix, nous apprend A. Lasenby Liberty, sont décernés d'après certaines règles aux concurrents les plus heureux, et aucune réception publique ou privée n'a lieu sans qu'un professeur dûment qualifié n'ait été appelé à disposer l'inévitable décoration florale. »

La poésie des Japonais, leur amour de la Nature, sont un leitmotiv, et nous avons déjà montré les jeunes filles étudiant l'esthétique du bouquet, le mouvement harmonieux d'une branche fleurie, éduquant leur grâce d'après le modèle de

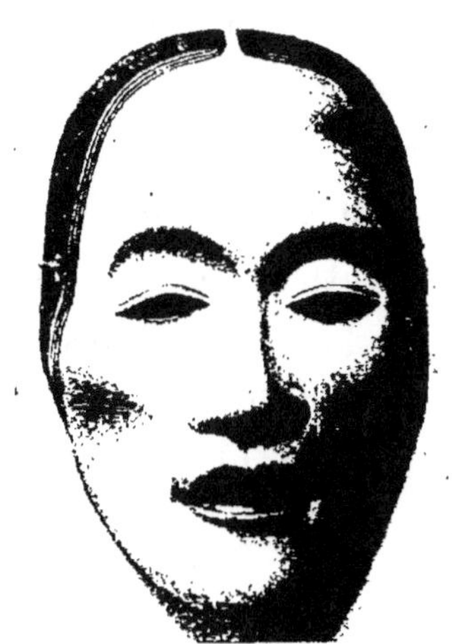

Coll. H. Véver.

Fig. 105. MASQUE JAPONAIS.

la vie, d'un parfum. Il était ainsi naturel que la toilette des délicates créatures dessinées par un Utamaro empruntât à l'inspiration des corolles et des oiseaux. Et l'enchantement se poursuit, de l'album d'estampes mouvantes et bigarrées, sur la robe de soie. Du rameau de pommier ou de prunier éclos en neige impalpable, du cœur épanoui du camélia rigide à la tendresse de la rose, du calice austère du lis aux pétales échevelés du chrysanthème, à leur régularité massive jusqu'à la ténuité des graminées, quel essor pour l'aiguille de fée qui broda ces atours ! Les oiseaux, encore, s'envolent éperdument sur ces frais tissus chatoyants comme des battements d'ailes ; l'assaut des ceintures entre elles, leur satin broché de couleurs rutilantes, l'éclat de leur or projetant des éclairs éblouissants de luxe. L'accord de ce costume est étonnant de richesse et de suavité; la qualité de son décor seule distingue sa forme et définit la distinction de l'individu. Au Japon, la cage de l'oiseau n'est point la même que celle du grillon, et les deux cages sont encore des trésors d'adaptation.

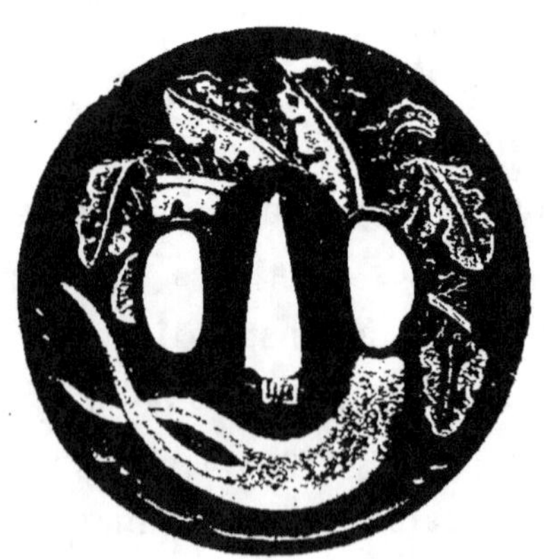

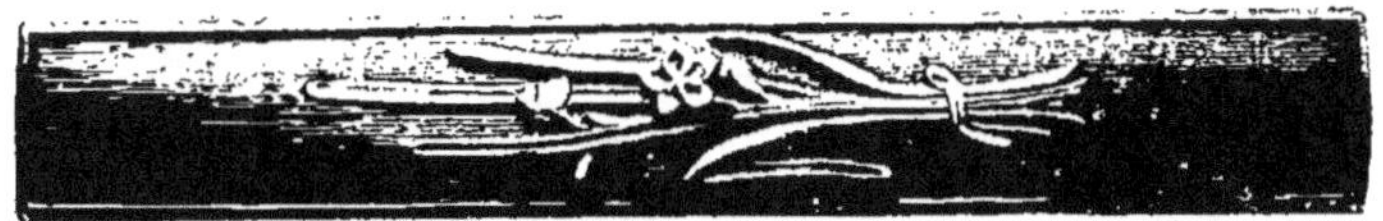

CHAPITRE VII

Quelques mots sur le Costume

Nous avons, à propos du peigne et des épingles à cheveux, amorcé le chapitre de la chevelure. Celle-ci devait, logiquement, mériter ces atours. Elle n'y manqua pas. La coiffure de la femme jaune a été, de tout temps, l'objet de sa préoccupation, toujours plus compliquée depuis le xviiie siècle. C'est que la coiffure correspond à l'âge et à l'état social de la Japonaise, et ne voilà-t-il point, pour la coquetterie, une occasion de se distinguer dans la complication?

Souvenez-vous qu'au xviiie siècle français il en était de même, mais notre *gheisha*, pourtant, rirait de bon cœur devant les perruques que nos belles, sous Louis XVI, par exemple, arborèrent! On ne se bornait point alors à faire des pyramides de cheveux, on ,etait encore par-dessus tous ces crochets, ces poufs,

ces chignons, des rubans en quantité, des fleurs, des
fichus, etc. Le pouf — une pièce de gaze qui atteignit
jusqu'à 15 mètres — agrémenté de cimiers de plumes

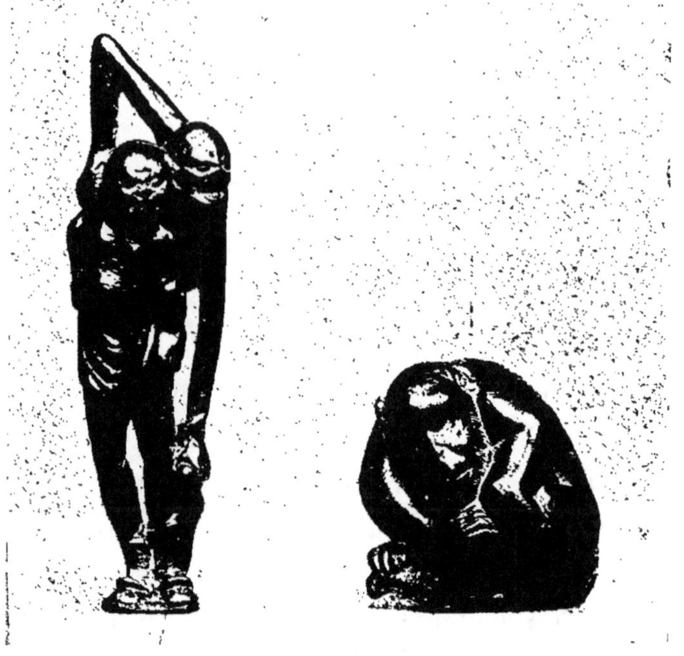

Coll. H. Vever.

Fig. 106. NETSKÉS (bois sculpté).

d'autruche, augmentait le volume de la tête en se
mêlant à la chevelure, et des corbeilles de fruits, des
vaisseaux en miniature, avec mâts, voiles et agrès...
ne s'y employaient pas moins !

Non, la coiffure japonaise n'en vint jamais à ces
débordements, elle se borna à donner aux naturelles

tresses d'ébène poli des mouvements larges aboutissant, sur les côtés, à de souples coques. Un vaste
chignon accusant le sommet de la tête. Les épingles
et le peigne dirigent ces ondes mouvantes avec un
art délicat, et le chignon, pareillement, obéit au
peigne plus ou moins spirituellement posé. Des

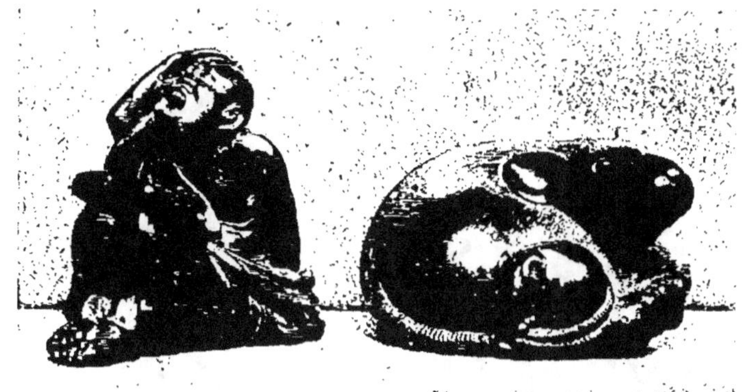

Coll. H. Véver.

Fig. 107. NETSKÉS (bois sculpté).

ouvrages spéciaux ont, de tout temps, indiqué la
manière de se coiffer. Même, l'harmonie avantageuse
des étoffes dont elle peut se couvrir la tête, a été
prévue, d'accord avec l'arrangement des cheveux,
par l'élégance nipponne. Si l'on ajoute qu'une
femme de la classe aisée se fait coiffer tous les jours,
au Japon — mais avec un raffinement que n'atteint
point en Europe le coiffeur chargé d'embellir sa
cliente à chaque cérémonie exceptionnelle — on

imaginera la chevelure de celle-ci, d'une fantaisie
d'autant esthétique et brillante que l'imagination
d'un artiste présida au décor du peigne qui se trans-

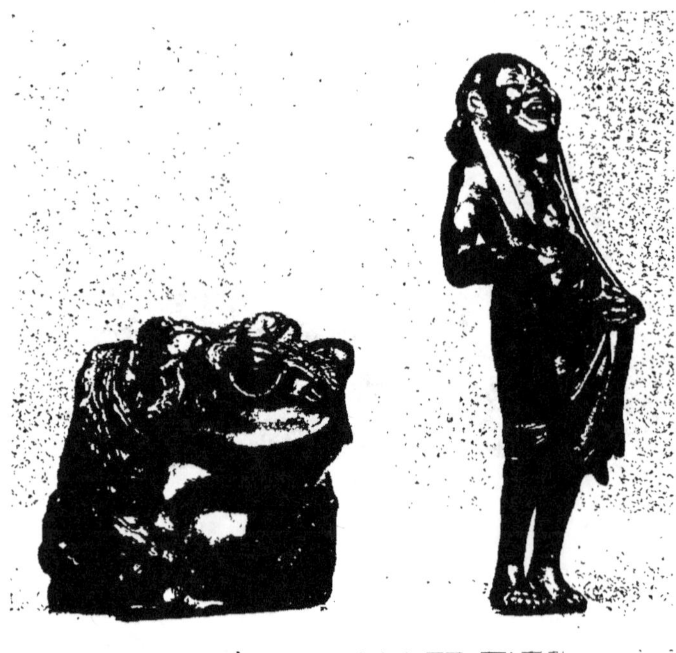

Coll. H. Véver.

Fig. 108. Netskés (bois sculpté).

forme ainsi, a dit si heureusement Th. Duret, « en
un immense piédestal, sur qui déferle la vague où
s'étage, dans la solitude, le gigantesque Foujiyama ».
Sans oublier que, sur le vallonnement des tresses
noires aux luisants bleus, les longues épingles de bois,
d'ivoire sculpté, de métal ciselé, se dressent, vani-

teuses d'avoir aidé à la réalisation d'un ensemble richement balancé.

Nous avons parlé au reste, précédemment, du peigne et des épingles, que nous rapprochâmes du bijou, et nous notâmes également les précautions prises par les Japonaises pour ne point déranger leur coiffure durant le sommeil.

Du chef aux pieds, l'harmonie de la composition se poursuivra, sans jamais altérer le brio de la ligne, et l'homme emprunte à la femme sa robe ainsi que son éventail, toute son élégance presque, sa blague à tabac, son étui à pipe, etc., demeurant dignes du *netské* qui les accompagne.

Pourtant, avec sa ceinture *(obi)* et le fermoir de son *obidome* (arrête-ceinture), la coquetterie du beau sexe l'emportera décidément sur celle du mâle. Mais procédons par ordre, et voici le *kimono* ou robe nationale.

A vrai dire, la robe japonaise ne prit sa forme définitive *(kimono)* qu'au xvie siècle. Le *kimono* qui rejoint, en somme, la draperie grecque par la sobriété et le style des plis, représente une abréviation, une synthèse, des vêtements précédents. Les costumes figurés sur les anciennes estampes montrent le plus souvent, d'ailleurs, des acteurs aux atours singuliers, d'un pittoresque sujet à caution, purement artistiques ou inauthentiques. On relève

fréquemment aussi, dans le passé, des influences vesti-
mentaires chinoises, des ampleurs de pantalons dignes
de jupes, des manches masculines dépassant les
bornes du vaste, des superpositions de vêtements
expliquant des bigarrures étonnantes, à moins qu'au
contraire tout ce concert ne fût ramené à une

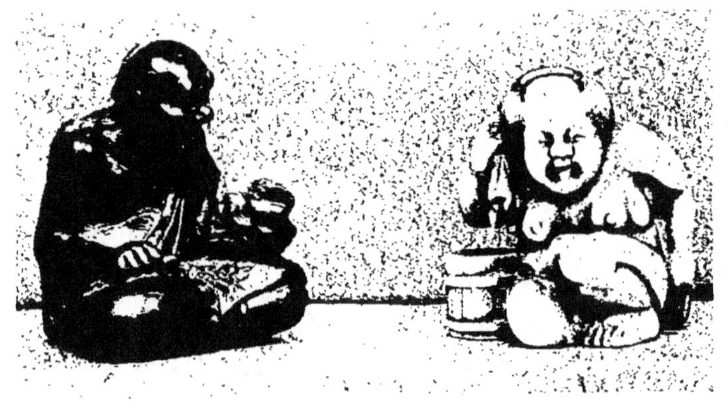

Coll. H. Véver.

Fig. 109. Netskés (bois et ivoire).

tonalité uniforme, suivant la couleur des saisons, de
l'austère au joyeux.

Ce qu'il nous appartient surtout de retenir, ce
sont ces silhouettes hallucinantes et typiques que
les anciennes estampes ont fixées avec une telle
fantaisie si souvent contradictoire que tout désir
d'approfondir s'y perdrait. On soulignera seulement
la valeur décorative des modes qui défilèrent au
Japon jusqu'à leur stabilisation en *kimono*, compa-

rativement aux contradictions inesthétiques de nos
accoutrements européens. S'il semble bien que des

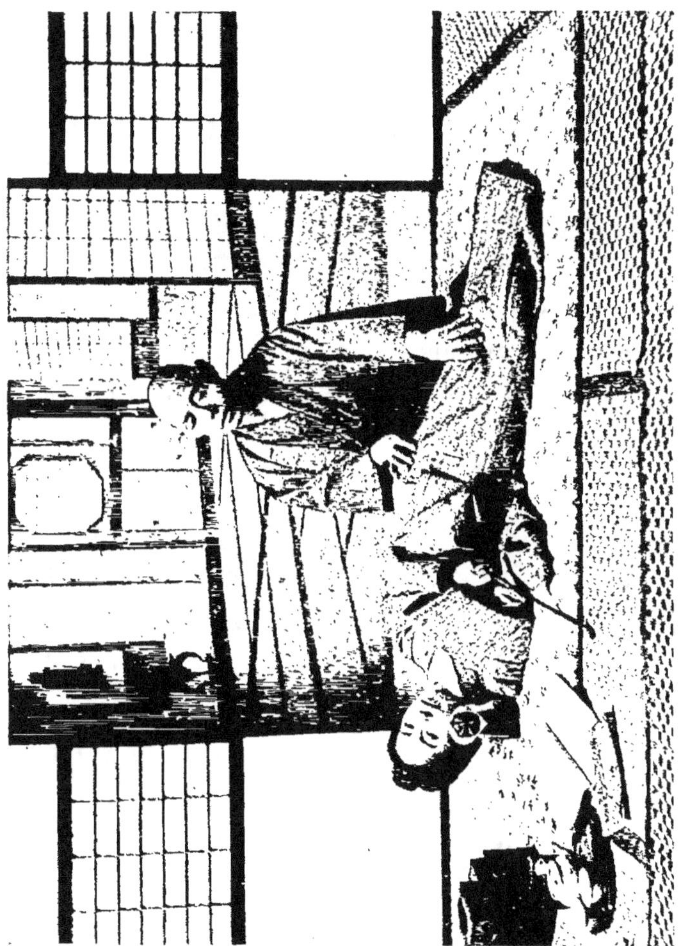

Coll. Germaine Eymery.

Fig. 110. MASSEUR AVEUGLE (lit japonais) : on aperçoit, au fond, le TOKONOMA.

modes successives transformèrent logiquement le
costume nippon, on n'y voit point trace des spasmes

dont notre ligne physique fut victime. En tout cas, nous n'avons point su arrêter la formule d'un costume national, à l'exemple du *kimono* cristallisant celui des Japonais. De là la supériorité d'originalité de ce peuple, jusque dans la manière de se vêtir, qui lui assigne un caractère immuable, résistant aux caprices de la mode, ne datant pas.

Le *kimono* quasi imperturbable donc, depuis le XVIᵉ siècle, est doublé ou ouaté suivant les saisons; il est en coton ou en toile de plusieurs couleurs, très sobre chez les grandes personnes, alors qu'à la jeunesse féminine sont réservées les tonalités éclatantes.

La richesse de décor et la coloration intense demeurent néanmoins le privilège des danseuses et des courtisanes. Le *kimono* de la femme comporte des manches particulièrement longues — il se distingue ainsi de celui de l'homme — qui servent de poches concurremment avec la ceinture. Pour que le *kimono*, dont les deux pans sont libres dans le bas, ne s'ouvre pas durant la marche, la femme japonaise déambule les pieds légèrement tournés en dedans. A retenir le symbole de ce geste machinal de renfermement, d'effacement, car la femme est, par destination, la servante dans la famille et la société japonaises.

La ceinture *(obi)* masculine (l'homme serrant

à la taille son *kimono* comme la femme) n'offre à vrai dire qu'une élégance relative, tandis que *l'obi*

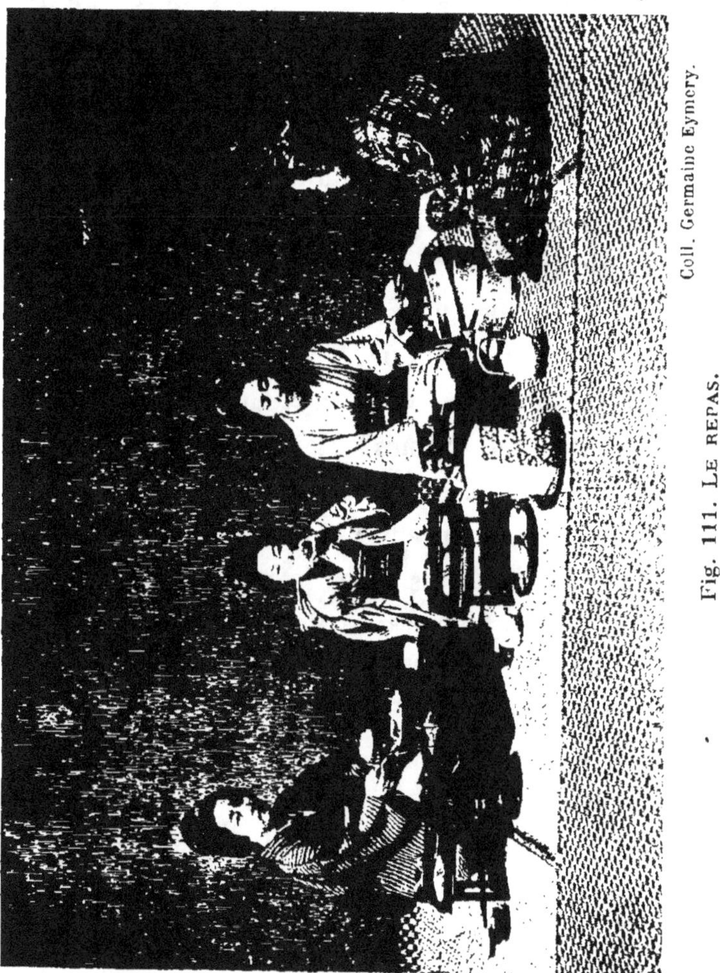

Fig. 111. LE REPAS.

de *Madame Chrysanthème* relève du luxe, tant par la beauté des brocarts qui la composent que par ses ornements. Cet autre bijou est à ajouter à ceux que nous avons précédemment signalés avec le fermoir (souvent merveilleusement ciselé et orné de pierres précieuses) d'un ceinturon de dessous *(obidome)*. On remarquera la discrétion de bon ton de ce joyau plutôt dissimulé, qui nous reporte à cet idéal très japonais de surprendre l'admiration, noté dans la décoration du meuble. En revanche, la ceinture manque de retenue… elle trahit et l'âge, et le rang social, et la profession de sa propriétaire ! Au vrai, quelle impertinence dans la parure ! Et combien cet étalage, plus ou moins flatteur, choquerait nos sentiments démocratiques ! Mais nous sommes dans l'Empire du Japon, et notre République, en matière de réclame, préfère encenser le goût de cette publicité nipponne où les lettres, dans la rue, jouent un rôle si artistique. Ces lettres qui évoquent le décor égyptien ou arabe, cette calligraphie dont l'ornementation semble s'incorporer avec celle de la maison ou du jardin, de la boutique ou de la place publique, qu'elle enjolive sans jamais faire tache.

Après cette incidence pour le plaisir de départager avantageusement (à nos yeux européens) une enseigne d'une annonce faite par un objet de toilette, nous reviendrons à la parure féminine.

Point de chapeau pour les femmes, de même que chez les Grecs. L'ombrelle ou quelque draperie, par-

fois, en tient lieu, et nous avons vu la coiffure étudiée,
figée dans un style, résister à la mode qu'un chapeau

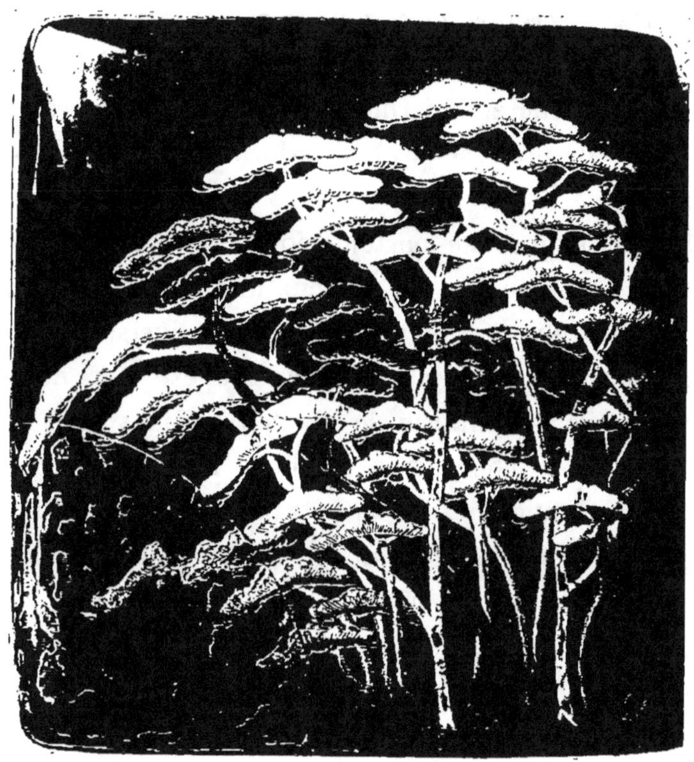

Coll. H. Véver.

Fig. 112. Écritoire, par Kôrin (laque, or, étain, nacre, etc.).

n'eût pas manqué de suivre. Une ombre au tableau :
une sorte de *tournure* évoquant fâcheusement ce
postiche ridicule dont la femme européenne s'adorna
il y a une quarantaine d'années. Cependant, à y bien

regarder, le nœud bouffant, en coussin, de la ceinture japonaise, n'est qu'un prétexte ornemental (la mode en fut accidentellement cause), sans aucune intention d'exalter la croupe, et comme le caprice de ce nœud de ceinture dispense différemment la grâce, il constitue un caractère distinctif, et d'âge, et de rang social, et de profession, plus conforme à notre discernement.

Si les femmes ne portent point de chapeau, les hommes, par contre, en coiffent une multitude aux formes les plus imprévues et les plus diverses.

Retournons aux estampes anciennes pour nous pénétrer de la fantaisie de ces couvre-chefs dont le désordre des chevelures ou bien leur hiératisme étrange composent, avec l'étrangeté des masques qui volontiers les accompagnent, un bloc inséparable. Qu'ils soient hérissés du *mino* (fig. 121) et coiffés du *kasa* (fig. 121), — à moins que, rigidement drapés, — ils n'aient la tête prise dans des bonnets de gaze (évoquant notre bonnet phrygien) ou de papier laqué noir, tous ces personnages fantastiques ou réels glorifient l'asymétrie et le rythme du geste, d'une étourdissante manière.

En cette fulgurante chevauchée japonaise où tous les sentiments se heurtent, de l'impossible au terrifiant, où tous les animaux, véritables ou figurés, s'affrontent, dans tous les paysages, nous ne retenons,

en sommé, qu'une silhouette aiguë, que des lignes
brèves, qu'un schéma ornemental. D'où l'inutilité,
dans notre travail d'exposition aux temps lointains,

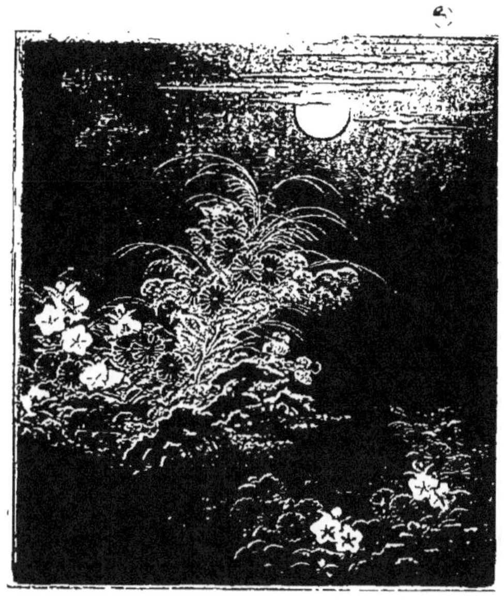

Coll. H. Véver.

Fig. 113. Couvercle en Laque.

de nous arrêter au détail. Fort heureusement pour
l'art, ses abstractions laissent à penser davantage
que ses précisions, et notre regard ne saurait davantage s'appesantir sur les couleurs fragiles et fugitives
d'une estampe japonaise que sur un essaim de
papillons.

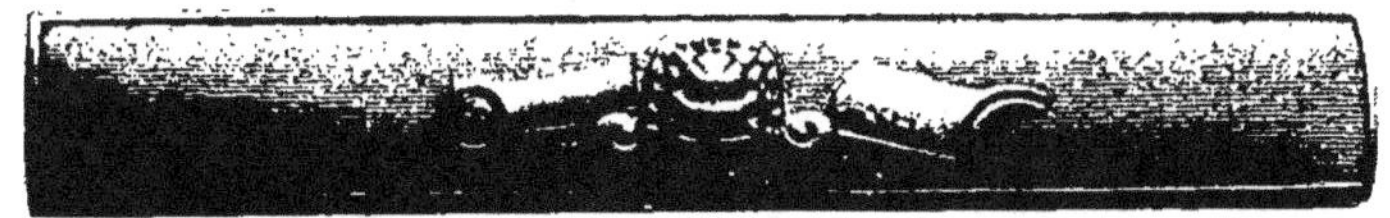

CHAPITRE VIII

Hier et Aujourd'hui

Mais nous allons maintenant sortir du rêve où nous nous sommes complu dans le passé. La réalité, dès les alentours de 1868, va maintenant nous désenchanter. Le Japon, rompant avec son herméticité ancestrale, vivra désormais sur sa gloire et sourira à la civilisation ambiante, cédant à son esprit pratique, à son progrès machinal, victime de la contagion d'autrui qui ruine l'originalité.

Lorsqu'il y a une soixantaine d'années, un cuirassé américain vint mouiller sur ses côtes, sa vue provoqua à la fois l'admiration et la panique parmi les légers vaisseaux et les petites barques que les Nippons avaient proportionnés jusqu'alors aux dimensions de leurs îles, à leur quiétude comme à leurs stricts besoins. Cette révélation de la force redoutable au service de l'Étranger, et si avantageuse quant aux échanges commerciaux à travers le monde, bouscula cette vie de poésie et d'art, toute d'inertie et de rêverie féconde, qui composait le bonheur sans l'avidité de l'or et sans la haine.

La prospérité du commerce, à l'abri de la défense nationale, était au prix du progrès, et, dès ce moment, le délire de la production, auquel le Japonais avait ingénument résisté, le gagna au détriment de son génie.

En nous limitant à l'effet produit sur l'art dont nous venons de parcourir les trésors de beauté, on saisit non seulement les méfaits de l'inspiration brusquée au bénéfice du gain élevé et rapide, mais encore ceux du regard sur l'épaule d'autrui, fatal à la personnalité, facilité, encouragé, par la commodité des voyages qui répandaient dorénavant l'œuvre du voisin et dérivaient l'essor intime de l'artiste japonais.

Au surplus, il arriva que les Nippons, dans leur soif de rivalité, allèrent au plus court vers les moyens de jouir et — toujours en matière d'art — au lieu de progresser dans cet idéal qui avait engendré chez eux tant de talents en toutes branches d'expression, ils connurent l'heure stérile de la copie, des redites et du démarquage. Aux grands artistes d'hier se substituèrent des artisans habiles; au labeur calme succéda la fièvre de fournir. D'où des œuvres ressassées, en place de chefs-d'œuvre, d'où une stagnation créatrice au lieu d'un enfantement sublime.

Il semble donc bien que l'art du Japon ait rendu l'âme de sa tradition originale lorsque la révolution

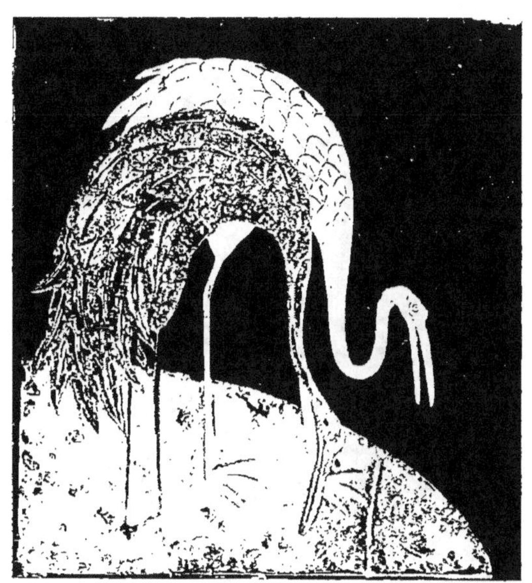

Coll. H. Véver.

Fig. 114. PANNEAU DE LAQUE (style de Kôetsu).

de 1868 tarit la source féconde d'un Hokusaï et après que la flamme de Yosaï, le dernier des grands stylistes nippons, s'éteignit.

La transition décadente coïncide avec l'époque à laquelle l'accès du Japon fut propice aux étrangers et aux marchands.

L'écluse de la beauté était ouverte, les collections

se formèrent, et l'Europe découvrit seulement le Japon au moment où son génie artistique battait de l'aile.

Depuis, la routine succédant à la tradition, ce fut

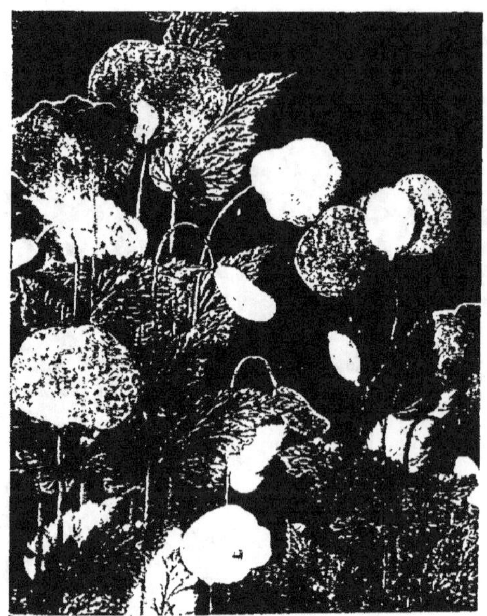

Coll. H. Véver.

Fig. 115. Panneau de Laque.

elle qui perpétua le style japonais dont, à vrai dire, nous goûtons encore le charme sous l'artifice. Et nous savons à quel point l'art décoratif européen s'est imprégné de l'exemple qu'il accommoda à son goût et nationalisa. En revanche, le Japon a tourné les yeux vers notre art européen au lieu de puiser

dans son sol les éléments d'une renaissance, et il a
subi notre influence pour aboutir, en résumé, à un
résultat hybride où il échangea le parfum de sa fleur
originale contre un charme exotique.

En remontant à une cinquantaine d'années, des

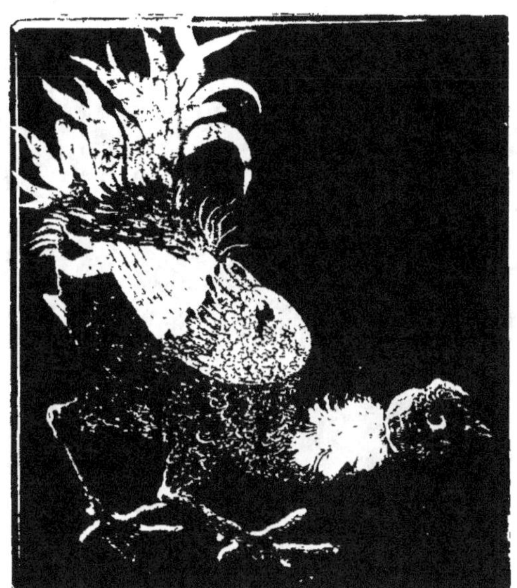

Coll. H. Véver.

Fig. 116. PANNEAU DE LAQUE.

élèves japonais de nos ateliers français propagèrent,
hélas ! le classicisme au pays de Kikuchi Yosaï, concurremment avec l'impressionnisme, et, depuis une
douzaine d'années, les Cézanne, les Gauguin, achevè-
rent de dénaturer la palette japonaise native, en lui
révélant tout un réalisme attentatoire à sa virginité...

Certes, l'habileté ne faillit point à sa réputation séculaire, mais, immobilisés dans le procédé, les sem-

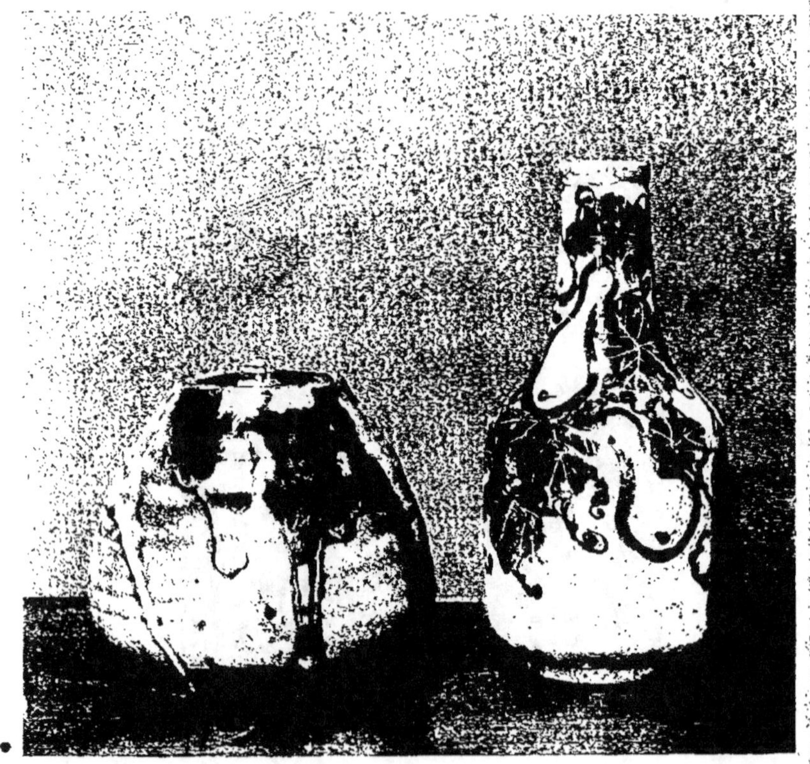

Coll. H. Véver.

Fig. 117. Céramique japonaise.

piternels oiseaux gazouillent sur les rameaux fleuris avec moins de conviction, la vue perpétuée du Fujiyama (volcan éteint, la plus haute montagne du Japon dont la représentation sollicite comme magnétiquement le pinceau des Nippons) n'étonne plus, et *mousmée, gheisha, samuraï*, ne sont plus que les échos d'une grâce et d'un caractère farouche dont la gloire a pâli de n'être plus vivifiée.

L'art populaire, cependant, poursuit son chant harmonieux, si toutefois il a abdiqué économiquement la riche matière d'expression. Le goût exquis des paravents, éventails, écrans, lanternes et ombrelles en papier n'est point aboli. On réédite, de même, — on transpose, on compile — les estampes et albums des anciens maîtres. Ainsi se poursuit en somme, et se perpétue l'ancien Japon, mais les amateurs ne s'y trompent point. Ils ne confondent pas la souple gravure sur bois d'antan (remplacée aujourd'hui par le rigide cliché de photogravure), tirée sur le beau papier épais de jadis, soigneusement composé de fibres de paille de riz, avec ce papier moderne similaire qui ne possède ni sa tendresse, ni sa riche teinte d'ivoire. Que sont devenus aussi, les noirs profonds et câlins de la gravure sur bois? D'autre part, le tirage des couleurs à la machine témoigne de repérages fâcheux joints à une fraîcheur moindre que celle réservée à l'application à la main. Sans compter que ces couleurs (d'aniline) sont aigres et criardes.

Quant au papier moderne, indépendamment de sa qualité moins séduisante à la vue comme au toucher, il se trahit encore de n'être plus chaudement enveloppé dans cette teinte de rouille particulière aux gravures anciennes.

La même décadence d'originalité natale se vérifie en statuaire. L'influence de A. Rodin, de E. Bourdelle, sévit, irrésistible et déprimante, chez les descendants de ceux qui conçurent le bouddha hiératique.

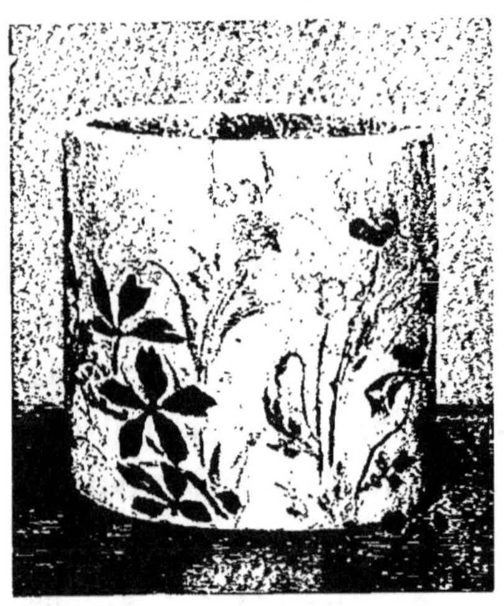

Coll. H. Vever.

Fig. 118. Pot, par Ninséï.

Pareillement en céramique. On coule une porcelaine moins impeccable dans les moules d'hier, et le décor n'innove plus. Sans compter que les couleurs dudit sont appliquées avec moins de sûreté et de goût, lorsqu'elles ne résultent pas de la décalcomanie. En matière de fonte et de ciselure, semblable déclin. Où sont les bronzes si merveilleusement fouillés d'autrefois! Ceux d'à présent ne sont que similaires.

En architecture, les progrès du confort et de hygiène n'ont pas moins imposé l'impersonnalité

qui règne uniformément en Europe, au nom de l'éco-
nomie.

« En général, avons-nous écrit récemment dans

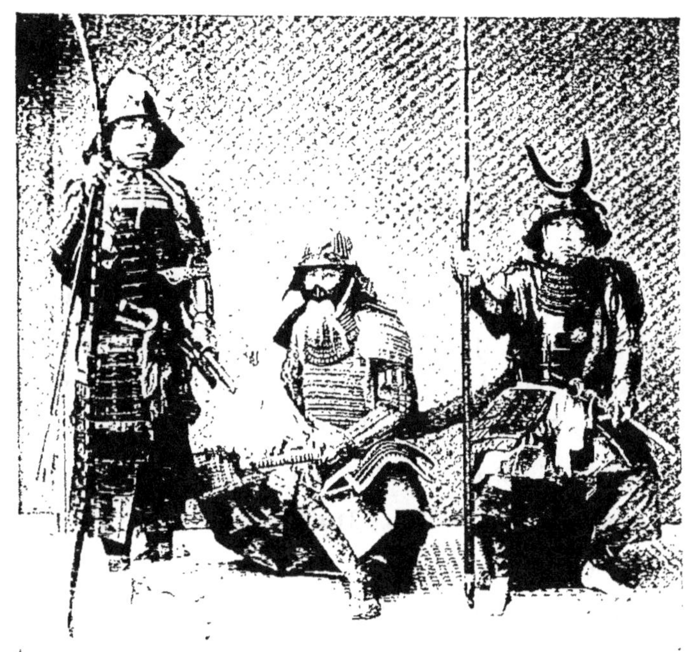

Coll. Germaine Eymery.
Fig. 119. Samuraï en armes.

notre appendice à *L'Art japonais*, de Louis Gonse,
la maison japonaise n'envie rien, maintenant, aux
bâtiments américains, et c'est à Vienne et à Berlin
que la construction artistique emprunte. Quant aux
monuments officiels, à Tokio, ils se réclament du
style français contemporain mais non moderne,

puisqu'ils remontent à un demi-siècle environ.

« De telle sorte que s'évanouit le miracle de la pagode, et l'association intime d'antan, de la *yashiki* avec son atmosphère naturelle; de telle sorte que la suavité du *kakemono*, que le bibelot d'autrefois, spirituel et charmant, de bronze ou d'ivoire, en grès ou en laque, a perdu sa grâce native, sa caresse initiale, faute de parler sa propre langue. Il en est de même des tissus, des bronzes, etc., subordonnés dorénavant à des répétitions du passé lorsqu'ils ne chantent point des formes et des motifs dépaysés. »

C'est l'Europe qui enseigna aux Japonais le travail en série, et leur miraculeuse main-d'œuvre a succombé à la fièvre productrice. Ils vivent sur le génie des Shiubun, des Motonobu, des Hokusaï, des Zingoro, comme les Italiens vivent sur leur Renaissance glorieuse.

Si, dans la broderie, les Japonais modernes excellent encore, — car, par tempérament, ils sont enclins à la patiente élaboration, — leurs travaux du genre seraient plutôt admirables comme technique. Mais où sont les suaves harmonies d'antan ! Oserait-on, enfin, comparer les masques anciens, si savoureusement sculptés et laqués, avec leurs grossières copies vouées à l'exportation?

Au vrai, la sévérité avec laquelle on compare l'art japonais ancien à celui des contemporains s'excuse

d'une qualité superlative, d'un diapason surélevé
qu'il n'était sans doute point possible de maintenir
jusqu'à nos jours pratiques, à cette altitude. Noblesse
oblige, et, en tout cas, nous devons rendre à la patrie
de *Madame Butterfly* cette justice que jamais son
art, fût-il diminué d'après l'exemple somptueux,
n'a failli à la qualité du goût, même dans les moindres

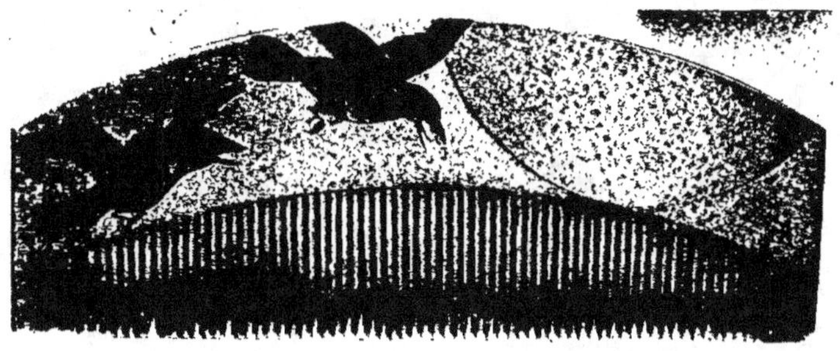

Coll. H. Vever.

Fig. 120. PEIGNE EN LAQUE.

expressions, et l'on a parfaitement dit, à propos de
l'art chinois, qu' « il n'est pas jusqu'à l'art du
XIXe, souvent abâtardi par les maléfices occidentaux,
qui ne nous séduise et nous mette en garde contre le
faux goût... » Observation convenant autant, à notre
sens, à l'art japonais.

Le Japon, aujourd'hui, est un grand pays. Sa puissance militaire et commerciale lui vaut une place
privilégiée dans le concert du monde, et, malgré
qu'il soit demeuré fidèle à ses mœurs anciennes, dans

l'ordre familial, religieux, artistique et littéraire, il rivalise avec notre civilisation en tous les domaines de la science, de la politique, de l'administration, de l'industrie, de l'enseignement.

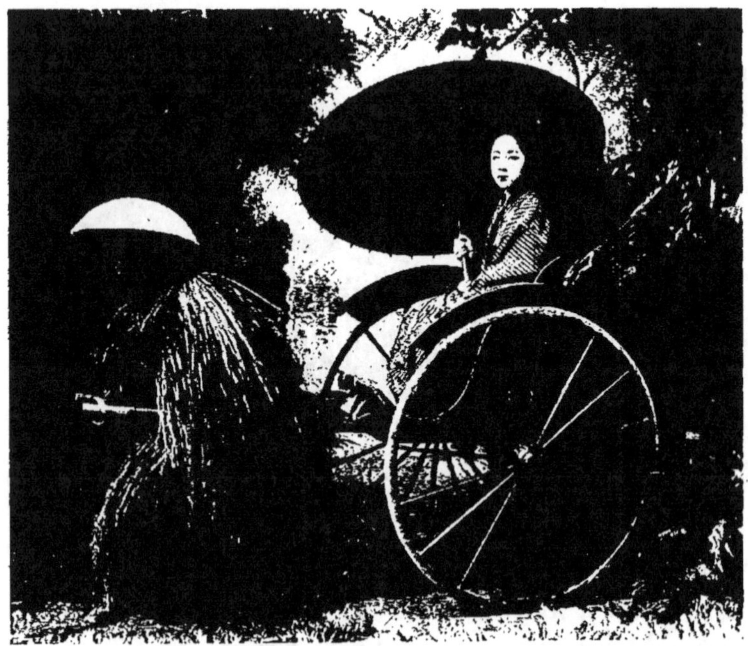

Coll. Germaine Eymery.

Fig. 121. KURUMA (pousse-pousse).

Si l'on se prend, néanmoins, à regretter que notre instinct pratique ait dissipé le rêve japonais, la consolation nous reste d'apprécier dans quelles conditions et dans quelle mesure il sacrifia à nos acquisitions. Tandis que le Nippon, le plus souvent, continue à porter le costume national, notre mode européenne s'impose seulement à la cour. Sans insister sur le disparate du *kimono* que l'on arbore concurremment avec notre chapeau et nos chaussures, voire avec la casquette anglaise ! une autre commodité plus har-

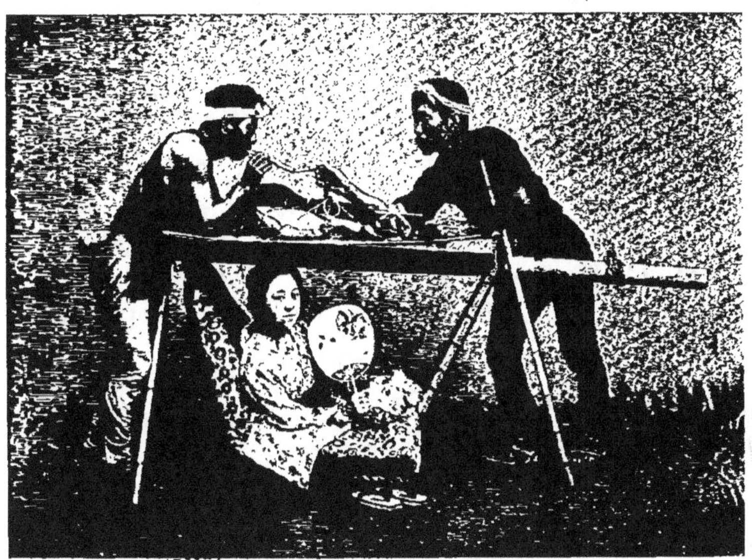

Coll. Germaine Eymery.

Fig. 122. KAGO (chaise à porteurs).

monieuse dicte aux fonctionnaires notre vêtement devant le bureau... américain.

Mais combien il a raison, le Japonais racé, de défendre son costume aux draperies souples, si favorables à son agenouillement, à ses habitudes ancestrales ! Voyez-le, d'ailleurs, endosser notre tenue avec autant d'aisance appropriée au coin qu'il meubla « à l'européenne », à côté de son antique maison. Toutefois, la chambre pourvue de notre confort moderne est plutôt réservée à l'étranger, et c'est dans son atmosphère traditionnelle, sur ses *tatami* moelleux, que le Nippon aime à s'endormir.

Au résumé, le Japonais fit en ses emprunts la « part du feu », et s'il doit maintenant, dans la rue, se garer comme chez nous des bicyclettes et des automobiles, si les trains aériens lui cachent par instants le bleu du ciel ou le profil de son Fujiyama bien-aimé, si le chemin de fer métropolitain roule aujourd'hui dans les entrailles de Tokio, l'espoir de sa *yashiki* héréditaire lui reste, qu'il regagne prestement en *kuruma* (fig. 121), ou en *kago* (fig. 122), au retour de la montagne.

Hélas ! qu'est devenue la *yashiki*, à travers le bouleversement que nous enregistrâmes depuis le dernier quart du xixe siècle?

Les bâtiments officiels, commerciaux et industriels ont été particulièrement contaminés par le goût européen. Vienne et Berlin, principalement, sévirent dans le style bâtard qui domina, en France, sous le second Empire, avec la contribution pratique et expéditive de l'Amérique.

Notre palais de Versailles, néanmoins, inspira le nouveau palais d'Akasaka, résidence du prince impérial. Et, au résumé, à part cette plaie d'importation, — au sens de l'originalité pour la cause de laquelle nous plaidons, — les rues des grandes comme des petites villes japonaises ont conservé leur caractère pittoresque, étant donné que les Nippons, répétons-le, se prosternent toujours, avec la même foi, devant les tablettes de leurs ancêtres pieusement déposées dans leur *tokonoma*, en dépit du confort moderne.

Aujourd'hui, le fard a disparu du visage de la femme jaune, et sa conception naïve de la pudeur répond à celle de notre soupçon d'impudicité, elle est aussi sans fard. Le tatouage terrifiant grâce auquel le guerrier japonais prétendait autrefois triompher de son ennemi rien qu'en se dévêtant, fait sourire maintenant l'arme perfectionnée, du dernier modèle européen.

Dans le chapitre de la civilisation, les peuples s'accordent fatalement pour l'expression de la haine. Hors la quiétude, le rêve s'évanouit.

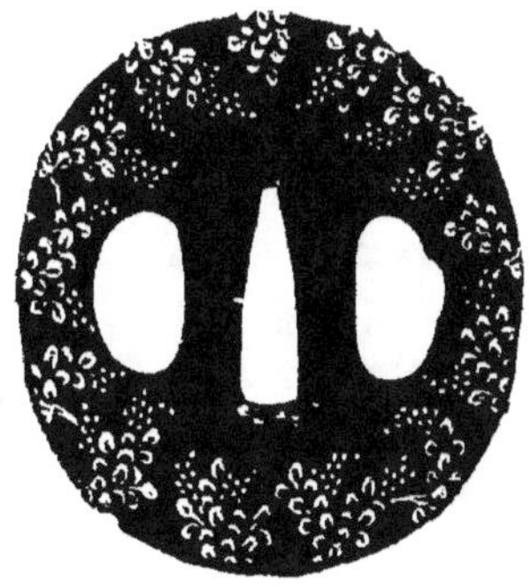

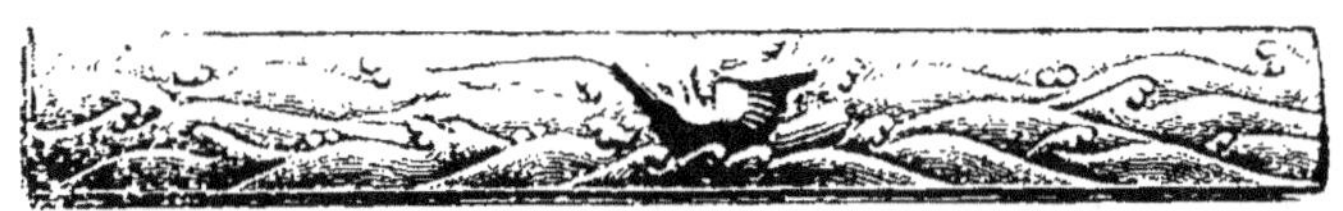

CHAPITRE IX

Répertoire des mots Japonais employés

Aïnos, nom d'une tribu sauvage dont les petits
temples représentent l'architecture japonaise primitive, sous le prince Zinmou-Tennô (de 660 à 585
av. J.-C.).

Amida, bouddha particulièrement vénéré par la religion bouddhique.

Ashida, voir *Geta.*

Bouddha, nom que se donna « Çakya-Mouni », le
Solitaire des Çakyas, fondateur du bouddhisme,
non la personnification d'une divinité mais d'une
omniscience naturelle basée sur l'étude. La représentation peinte ou sculptée de *Bouddha* est d'une
riche et charmante fantaisie allant de la statuette
à la statue colossale.

BOUDDHISME, religion fondée par Bouddha et que, successivement, la Chine, la Corée, le Japon, le Thibet, le Turkestan, etc., adoptèrent après l'Inde. La religion bouddhique rallie les deux tiers de la population du Japon.

FUJIYAMA (LE), volcan éteint depuis 1707, la plus haute montagne du Japon. L'imposante masse du *Fuji* a été chantée notamment par Hokusaï, en quatre-vingt-seize vues célèbres. Les Japonais ont une prédilection pour cette montagne qu'ils entourent d'une sorte de vénération et qui semble inséparable de leurs paysages.

FUKUSA ou *Foukousa*. Riche étoffe de soie brodée ou peinte dans laquelle on enveloppait autrefois des présents dans une boîte renfermant une lettre adressée à des amis, à l'occasion de grandes cérémonies familiales. Le *fukusa* et la boîte qui le contenait devaient être rendus à l'envoyeur. A chaque nouvelle occasion ce dernier renouvelait l'étoffe, plus ou moins somptueuse — ou même un simple papier décoré — dont les présents variables étaient accompagnés.

GETA. Les *geta*, de même que les *ashida*, sont des sortes de patins en bois utilisés aux jours de mauvais temps. On les dépose à la porte de la maison. Ces patins tiennent au pied par une anse double.

Ils ressemblent à des petits bancs surélevés de quatre à douze centimètres. En temps ordinaire, des sandales de paille les remplacent, ou (pour l'intérieur) des sortes de chaussettes désolidarisant le pouce des autres doigts du pied.

GHEISHA, danseuse ou chanteuse s'accompagnant avec le *shyamisen* (voir ce mot). La *gheisha* ne doit point être confondue avec la courtisane, malgré la liberté de ses mœurs; elle joue un rôle de charme et de beauté dans la société japonaise. Elle est choisie parmi les plus jolies filles du pays et élevée selon les divers degrés de son rang social. C'est une artiste formée à servir le thé, à broder, à composer des bouquets et des poèmes, à converser, à animer, en un mot, le foyer qui l'accueille, aux divers degrés de la fortune.

KAGO, chaise à porteurs.

KAKEMONO ou tableau japonais. Il désigne des peintures sur soie ou sur papier, de plus ou moins de valeur et plus ou moins richement encadrées de bandes d'étoffes unies ou brochées, lamées d'or, etc., montées sur une feuille de papier épais et enroulées sur un cylindre de bois aux extrémités ornées d'ivoire, de corne, de bois laqué, etc. On déroule le *kakemono* et on l'accroche comme ornement, dans le *tokonoma* (voir ce mot), de préférence.

KANAMONO, fermoir de bourses.

KASA, vaste chapeau-parapluie ayant la forme d'une cuvette renversée, que coiffent les paysans.

KATANA, grand sabre cambré.

KIMONO ou robe indifféremment portée par .les hommes et les femmes, depuis le XVIe siècle. Le *kimono*, costume national, est doublé ou ouaté selon les saisons; il est en soie, coton ou toile de plusieurs couleurs très sobres chez les grandes personnes. Il atteint une tonalité éclatante comme une grande richesse de décor chez les danseuses et les courtisanes. Le *kimono* féminin comporte des manches particulièrement longues qui servent de poches, concurremment avec la ceinture.

KODZOUKA, petits couteaux figurant sur l'un des côtés ou sur les deux côtés du fourreau d'un sabre.

KURUMA, véhicule tiré à bras par un homme. Il comporte deux grandes roues et une capote mobile. C'est la voiture de place japonaise. Une ou deux personnes peuvent y prendre place.

KWANON ou *Kouanon*, déesse miséricordieuse, la plus populaire divinité bouddhique du Japon.

MAKIMONO, sorte de rouleau plus petit que le *kakemono* (voir ce mot) renfermant du texte et des illustrations en couleurs. Il est constitué par une seule feuille très longue repliée en accordéon, que l'on développe pour la lecture. C'est le livre primitif du Japon.

MIKADO, voir *Shyogun*.

MINO, sorte de manteau de paille porté par les paysans.

MOUSMÉE, jeune fille.

MIYA ou enceintes renfermant les temples de culte *shinto* (voir ce mot), par opposition aux *téra* (voir ce mot).

NETSKÉ ou *netsuké*, petit objet de parure, sorte de bijou finement ciselé, sculpté, etc., en métal, ivoire, bois, céramique, laque, qui sert de passant-coulant à une cordelière, pour suspendre à la ceinture, blagues et boîtes à tabac, étuis à pipe, écritoires, etc.

NIWÔ, gigantesques et terribles gardiens du temple bouddhique.

OBI, ceinture de l'homme et de la femme.

OBIDOME, ceinturon de dessous muni d'un fermoir sur le devant, et serrant la ceinture principale.

SAMURAÏ ou *Samouraï*, guerriers de l'ancien Japon.

Setomono, nom donné aux grès de la ville de Seto (province d'Owari).

Shakudo, bronze d'or.

Shibiutshi, bronze d'argent.

Shintennos, les « quatre rois du ciel » préposés, ainsi que les *Niwo*, à qui ils ressemblent, à la garde du temple bouddhique.

Shinto (Temple), affecté à la religion shintoïste (voir *Shintoïsme*).

Shintoïsme, religion primitive du Japon (voir *Bouddhisme*).

Shyogun, chef militaire qui, durant l'époque féodale (de 1186 à 1868), régna réellement au Japon, à côté du mikado, avant la restauration impériale actuelle. Les étrangers donnent le nom de *Mikado* à l'empereur du Japon.

Shyamisen, sorte de guitare à trois cordes dont jouent notamment les *gheisha* (voir ce mot).

Sourimono ou *Surimono*, estampe de très petit format carré, luxueusement tirée en un grand nombre de couleurs, avec rehauts d'or et d'argent.

Tatami ou nattes claires mesurant uniformément six pieds sur trois, qui tapissent les chambres.

TERA, enceinte renfermant les temples de culte
bouddhique.

TOKONOMA, sorte d'alcôve située à l'entrée de la
demeure ou dans le fond d'une chambre, surélevée
d'une marche, où prennent place un *kakemono* et
des bibelots de choix. Les tablettes ancestrales
reposent aussi dans cette alcôve-autel où la famille
se retire pour délibérer en conseil et où sont admis
les visiteurs à qui l'on veut faire honneur.

TORI ou *torii*, portique caractérisant l'architecture
du temple *shinto*. Il est composé de deux piliers
verticaux en bois (laqué souvent rouge), pierre
ou bronze, fréquemment inclinés l'un vers l'autre,
au sommet, et couronnés de deux traverses dont
la supérieure est relevée aux deux extrémités.
Une succession de *torii* constitue parfois une allée
conduisant au temple.

UKIYOYE ou ensemble des peintres composant l'école
dite *vulgaire* à partir du XVIIe siècle. C'est l'école
de genre, par opposition à l'école *noble* des Kano.

YASHIKI ou maison.

YUWA-KASHI, chaudron national.

* * *

Nous tenons, en terminant ce travail, à remercier M. Henri Véver, de Paris, dont la belle collection nous fut précieusement ouverte et à qui nous devons l'aubaine de reproduire les délicieuses estampes ci-incluses ainsi que plusieurs autres pièces remarquables, notamment les manches de couteaux et les gardes de sabres dont nous fîmes de rares en-têtes et culs-de-lampe.

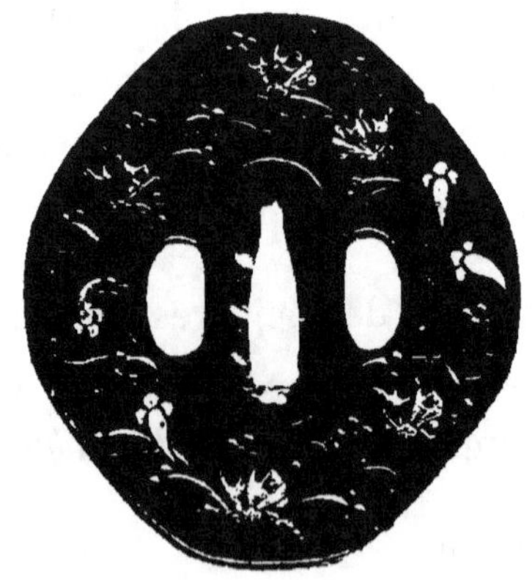

TABLE DES MATIÈRES

Paris. — Imp. PAUL DUPONT (Cl.). 24.9.1928.

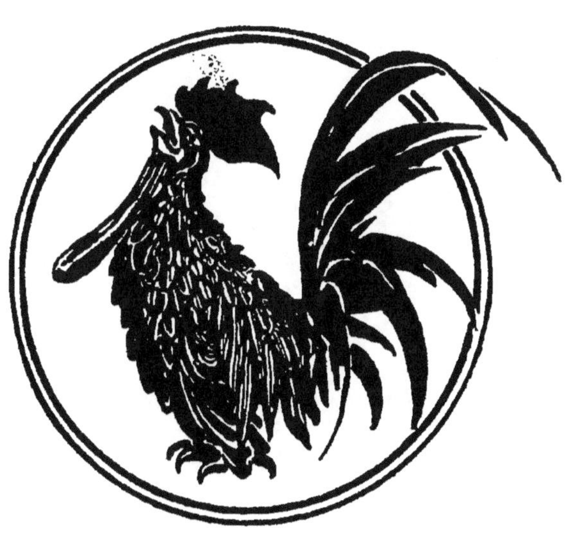

Prix : 12 fr.